Kleine Edition 17

FRIEDRICH BALKE, REMBERT HÜSER

REISEN MIT KAFKA

Paris, Weimar

August Verlag

INHALT

Abb. 1

VORWORT: WEG VOM SCHREIBTISCH

Zu Bildern auf Postkarten hat Kafka ein entspanntes Verhältnis. Er malt sie selbst oder er schreibt auf sie drauf.

1911 auf der Dienstreise hat Kratzau ihm Platz zum Schreiben zur Verfügung gestellt. Die hastigen Worte per Hand auf dem gedruckten Bild hängen in der Luft des öffentlichen Raums wie Fäden, die gleich auf ihn hinunterregnen. Eine ganze Menge Platz. Kafka schreibt in den Himmel der Karte, dort wo zwar schon Bild ist, aber nichts weiter zu sehen. Die Legende ist am Wandern. Kratzau Punkt. Marktplatz Punkt. Verschweinert Punkt. Grillparzers „Meer und der Liebe Wellen“ eingerahmt.[1] Grüppchen links Punkt. Mutter mit Kind Punkt. Kinder in der Mitte Punkt. Kellnerin und ich, „unabhängig voneinander“ Punkt. Text und Bild sind, derart zusammengeschrieben und abgeworfen, Postskript und Nachbild zugleich. Gespenster unterwegs. Etwas hängt hier nach. (Die Rückseite hat offensichtlich nicht gereicht.) Geheimnisvoll ist daran nichts. Anders als der Brief vom 10.7.1914 müssen Karten nach dem Lesen nicht zerrissen und in kleinen Stücken unter die Hühner unter dem Balkon gestreut werden, vor denen man keine Geheimnisse hat. Die Ansichtssachen, die auf eine Karte passen, sind immer schon bekannt. Kleine Stückchen, die jeder längst schon hat

[1] Franz Kafka, *Briefe an Ottla und die Familie*, Frankfurt a.M.: Fischer 1989, S. 14–15.

lesen können. Die Karte aus Kratzau ist ganz offen Lesefutter, das wir aufpicken können. „Es ist ein trauriges Stück."[2] Wie schreibt Kafka, wenn er das Haus verlässt? Wie mischt er das Futter?

Karten geben etwas zu sehen, was sehenswürdig ist. Sie autorisieren Weltausschnitte. Manche Städte, wie Paris oder Weimar, scheinen ganz mit den Ansichten, die Postkarten über sie verbreiten, zu verschmelzen. Man muss sich in die Ausschnitte eintragen, wenn man Abstand zu den Ansichten gewinnen will, und sei es nur, dass man sich als Postkartenschreiber auf die Schauseite der Karte verirrt und dort einfach mit dem Schreiben weitermacht. Kafka beschreibt Postkarten auf beiden Seiten. In Kratzau nicht anders als in Versailles. Auch in den *Jardins de Versailles* steht Text im Himmel, und dann noch im Bildvordergrund, auf dem Boden, überall also, wo noch Platz im Bild ist.

Und da werden im Postverkehr die vier Kegel oberhalb des Brunnens der Latona im Schlosspark von Versailles kurzerhand in die Frage des Mitbringsels integriert. Kafka hat die Gruppe auf der Vorderseite längst schon eingepackt und Ottla auf den Tisch gelegt, aber weil er nach ihrem kleinen Krach nur ein bisschen nachtragend sein will, schreibt er, sei es „nicht ausgeschlossen", dass er ihr „trotz der teuern Zeiten etwas Schönes mitbringe".[3] (Wenn nicht, wird sie mit dem Foto vorlieb nehmen müssen.) Kafkas Schreiben macht vor den Ansichten nicht halt, son-

[2] Ebd., S. 15.
[3] Ebd., S. 16–17.

Abb. 2

dern mit ihnen weiter. Gelegentlich schreibt Kafka auch Postkarten ab, die an ihn gerichtet sind, überträgt ihren Inhalt in ein anderes Medium, zum Beispiel in einen Brief an den Freund Max Brod, so geschehen mit einer Postkarte, die ihn in Jungborn im Harz aus Weimar erreicht, wo sich Kafka und Brod wenige Tage zuvor aufgehalten hatten. Kein Hühnerfutter, sondern „Litteratur".

Was notiert Kafka auf den Karten? In Kratzau seinen vergeblichen Versuch, einen Kalbsbraten zu verspeisen, mit dem er schließlich, da er das Fleisch nicht zerkauen kann, die Katze füttert und „den Boden verschweinert".[4] So wie er es auch mit den Karten macht. Postkarten sind viel kürzer als Briefe. Deshalb sind sie Kafkas bevorzugtes Medium auf Reisen, weil er dann „zerstreut" ist und „noch weniger Lust zum

[4] Ebd.

Schreiben als sonst" hat.[5] Postkarten sind Karten auch in dem Sinne, dass sie den Betrachter ihrer Schauseite einladen, in sie einzutreten, sie zeichnen Bahnen und Wege vor, stille, große Plätze wie in Kratzau, auf denen die Leute ebenso verloren wirken wie auf den weitläufigen Wegen und in den Alleen der Schlossparks. Nicht immer und überall allerdings ist dieser Einladung so leicht nachzukommen wie in Kratzau und Versailles.

In den Reisetagebüchern erfährt man, wie sich Kafka die Orte, die er besucht, erschließt. Verkehrserscheinungen wie in Paris ziehen seine Aufmerksamkeit auf sich: Was passiert, wenn ein Automobil mit einem Tricyle zusammenstößt? Wie wird der strittige Sachverhalt zu Protokoll genommen, wie wird das Bild, das sich dem Beobachter bietet, in Text verwandelt? „Diese Pr. [Protokollaufnahme] stockt bisweilen. Der Pol. hat sein Prot. etwas in Unord. gebracht."[6] Die Unordnung, die der protokollierende Polizist produziert, ist einer Disziplinlosigkeit geschuldet, die dem Postkartenschreiber Kafka nicht unbekannt ist: „Er hat nämlich den Bogen an einer Stelle zu beschreiben angefangen, wo er aus irgend einem Grunde nicht hätte anfangen dürfen."[7] Wo darf man Postkarten beschreiben, wo Protokollbögen?

Kafkas Reisetagebücher sind „Protokollaufnahmen", sie halten vorzugsweise Bewegungen und die Schnittstellen zwischen Vehikeln, Bodenbeschaffen-

[5] Ebd., S. 19.
[6] Franz Kafka, *Reisetagebücher in der Fassung der Handschrift*, Frankfurt a.M.: Fischer 2008, S. 75–78.
[7] Ebd.

heiten, technischen Infrastrukturen und menschlichen Körpern fest. Menschen in der Metro, notiert er in Paris, sind wie „Wasser in den Leitungen", das benötigte Bewegungsrepertoire („Zurückspringen beim Aussteigen, mit dem folgenden verstärkten Vorgehn"[8]) stellt ungewohnte Anforderungen an menschliche Körper, die nicht länger sprachlich gelenkt, sondern sensomotorisch codiert werden. Vor allem aber beobachtet Kafka (an sich selbst), dass er die Mensch/Maschine-Schnittstellen registrieren kann, weil er sich als Fremder in der Stadt bewegt. Dieses Bewegen ist mehr ein Stolpern. Das zeigt sich, wenn er die Metrostation verlässt und „übergangslos in das Straßenleben" eintauchen möchte: „Auch stimmt beim Herauskommen die Wirklichkeit erst langsam mit der Karte überein."[9] Was sich bei den Parisern geschmeidig vollzieht, beschreibt Kafka als ein Hingestelltwerden, einer postalischen Sendung nicht ganz unähnlich: Die Metro setzt Menschen an Stellen ab, an die sie niemals „zu Fuß oder zu Wagen gekommen wären".[10]

Kafkas Reisebeschreibungen liegt die Kunst zugrunde, den Moment hinauszuzögern, an dem die Wirklichkeit wieder mit der Karte übereinstimmt. Sätze schreiben und sich durch die Stadt bewegen lassen oder in ihr, wie in Weimar, beharrlich Runden drehen, sind vergleichbare Tätigkeiten. Wenn Kafka Paris oder Weimar besucht, bezeugen die Tagebucheintragungen, die bei diesen Gelegenheiten entstehen,

[8] Ebd., S. 71–74.
[9] Ebd.
[10] Ebd.

dass für ihn allein die Orte *neben* den Orten, die der Tourist aufzusuchen hat, und die Bilder *neben* den Bildern, die ihm zu sehen aufgegeben sind, zählen. Was wird aufgezeichnet, wenn der zukünftige Klassiker der Moderne touristische Orte und Plätze besucht, an denen sich ältere Klassiker bereits breit gemacht haben? Warum steht Kafka stundenlang in der Seifengasse herum, den Blick unverwandt aufs Goethehaus gerichtet? Was geschieht, wenn sein Blick im Louvre auf die Stelle trifft, an der das entwendete Bild der Mona Lisa hing? Kafkas Bewegungen in Weimar und Paris liegt keine Gesamtgeografie zugrunde. Die Routen, denen er folgt, sichern ihm Beweglichkeit und verschaffen dem flüchtigen Blick, der vom Sehenswürdigen und zugleich auch von dessen Markierungen angezogen wird, ein neues Anwendungsgebiet.

„MEIN HERUMSTEHN IN DER SEIFENGASSE." KAFKA IN WEIMAR

Friedrich Balke

Vorbemerkung

Von Michel de Certeau stammt das Konzept der Rhetoriken des Gehens. Eine solche Rhetorik des Gehens ist auch im Begriff des Diskurses impliziert, der ja, seinem Wortsinn nach, die Rede als ein Element, das hin- und hergeht oder hin- und hergeschickt wird, meint. In welchem Sinne Literatur einem Gesetz des Außen untersteht und ununterbrochen Segmente zusammenfügt, also Stück für Stück vorgeht, ohne jemals ein Ganzes zu erreichen, ist eine Frage, die sich auf der Ebene nicht der Semantik, sondern der Syntax oder, im filmtheoretischen Idiom, der Montage entscheidet. „Die Kunst, Sätze zu drehen und zu wenden, hat als Äquivalent eine Kunst des ‚Rundendrehens'",[1] heißt es in der *Kunst des Handelns*. De Certeau bringt die rhetorischen Figuren der Synekdoche und des Asyndetons ins Spiel, um sie vom Raum des Textes auf den der Stadt zu übertragen und mit ihrer Hilfe zwei basale „Geh-Figuren" zu unterscheiden: „Die eine dehnt ein Raumelement aus, damit es die Rolle eines ‚Mehr' (eines Ganzen) spielen und sich an die Stelle des ganzen Raumes setzen kann. [...] Die andere erzeugt durch

[1] Michel de Certeau, *Kunst des Handelns*, Berlin: Merve 1988, S. 195.

eine Weglassung ein ‚Weniger', schafft Lücken im räumlichen Kontinuum und behält nur ausgewählte Stücke, also Relikte, zurück. Die eine ersetzt Totalitäten durch Fragmente (ein Weniger anstelle eines Mehr); die andere löst ihre Verbindung, indem sie Konjunktives und Konsekutives wegläßt (ein Nichts anstelle von etwas). Die eine verdichtet; sie vergrößert das Detail und verkleinert das Ganze. Die andere unterbricht; sie zerstört die Kontinuität und stellt deren Wahrscheinlichkeit in Frage."[2]

Im Mittelpunkt der folgenden Überlegungen stehen zwei sehr unterschiedliche Beschreibungen von Reisen, die ihre Autoren nach Weimar führen. Franz Kafka reist im Sommer 1912 nach Weimar in Begleitung Max Brods; Walter Benjamin macht 1928 auf der Rückreise nach Berlin in Weimar kurz Station. Benjamins Aufenthalt steht im Zusammenhang der Arbeit an seinem Goethe-Artikel für die Große Sowjet-Enzyklopädie. In einem Brief an Scholem spricht er davon, dass „Weimar [...] die dem Sowjetstaate abgewandte Seite meines Janushauptes aufs lieblichste vorstellt".[3] Die Rhetoriken des Gehens und, wie ich hinzufügen möchte, des Sehens, die den jeweiligen Reiseberichten zugrunde liegen, könnten unterschiedlicher nicht ausfallen. Benjamins Poetik des ruhigen Blicks untersteht ganz der Figur der Synekdoche: Ein Teil, wir werden noch sehen welcher, steht ihm für das Ganze, ein Raumelement dehnt er so weit aus, dass es die Rolle

[2] Ebd.

[3] Walter Benjamin, *Gesammelte Schriften*, IV/2, Frankfurt a.M.: Suhrkamp 1991, S. 991.

eines ‚Mehr‘ spielen kann. Mit den Eröffnungssätzen seines Reiseberichts hat er den Blick, den er auf Weimar wirft, bereits als den eines Logenbesitzers markiert: „In deutschen Kleinstädten kann man sich die Zimmer ohne Fensterbretter gar nicht vorstellen. Selten aber habe ich so breite gesehen wie am Weimarer Marktplatz, im ‚Elefanten‘, wo sie das Zimmer zur Loge machten“.[4] In Kafkas Bericht regiert dagegen eine von Eintragung zu Eintragung wachsende Zusammenhanglosigkeit der Impressionen, die die Entstehung eines Ganzen oder einer „Welt“, wie es bei Benjamin heißt, bereits im Keim erstickt und die Kontinuität der Wahrnehmung zugunsten von nur schwach oder gar nicht miteinander verbundenen Augenblicksbeobachtungen zerstört. Benjamin verwandelt Weimar in einen Ort, für den, bis in die Sphäre des Traumes hinein, mit de Certeau zu sprechen, „das Gesetz des ‚Eigenen‘“ gilt, das ihm seine Stabilität verleiht.[5] Kafka, der in Weimar nur für ein paar Tage auf der Durchreise ins Sanatorium Jungborn im Harz ist, verwandelt den Ort in ein „Geflecht von beweglichen Elementen“.[6] Benjamin verlässt die Kleinstadt, indem er sich der Kostbar-

[4] Walter Benjamin, „Weimar“, *Denkbilder*, in: *Gesammelte Schriften*, Bd. IV/1, S. 353.

[5] De Certeau, *Kunst des Handelns*, S. 218. Vgl. zu Benjamins Goetheträumen und ihrer identitätsstiftenden Funktion für Benjamin („und darüber hinaus für viele andere jüdische Schriftsteller, die sich mit Goethe und über Goethe ihren Weg in die deutsche Literatur und nach Deutschland erträumen wollten“): Liliane Weissberg, „Benjamins Goethe-Traum“, in: Bettina von Jagow, Florian Steger (Hg.), *Differenzerfahrung und Selbst. Bewußtsein und Wahrnehmung in Literatur und Geschichte des 20. Jahrhunderts*, Heidelberg: Winter 2003, S. 269–290, hier: S. 286.

[6] De Certeau, *Kunst des Handelns*, S. 218.

keit ihrer innersten Zelle versichert, während Kafka sich „für immer“ verabschiedet mit buchstäblich nichts in den Händen.

1. Postkarten

Am 14. Juli 1912, als Kafka schon längst Weimar verlassen hat und in Jungborn im Harz kurt, schreibt er in einem Brief an den k.k. Postkonceptspraktikanten Dr. Max Brod, der ihn zuvor auf seiner Reise bis Weimar begleitet hatte, inzwischen aber wieder nach Prag zurückgekehrt ist: „Du hast das Fräulein Kirchner für dumm gehalten. Nun schreibt sie mir aber 2 Karten, die mindestens aus einem unteren Himmel der deutschen Sprache kommen.“[7] Das Fräulein Kirchner, so viel wissen wir damit bereits, ist nicht dumm und der Himmel der deutschen Sprache hat mehrere Etagen, ein Oben und ein Unten, seine Herrlichkeit ist von seiner Hierarchie nicht zu trennen. Noch bevor Kafka dem Freund beide Aussagen erklärt, erteilt er dem Fräulein Kirchner, das mit Vornamen Margarethe heißt, das Wort, was im Medium des Briefes nur heißen kann, dass er einen an ihn gerichteten Brief des Fräuleins, wenn schon nicht beilegt, so doch abschreibt. „Literatur ist das buchstäblich Niedergeschriebene und Nachgeschriebene“, definiert Martin Heidegger und stellt noch fest, dass die so entstehende

[7] Max Brod, Franz Kafka, *Eine Freundschaft. Briefwechsel*, Frankfurt a.M.: Fischer 1989, S. 105.

Literatur „zum Gegenstand weit auseinanderlaufender Interessen" wird, „die ihrerseits wiederum, und zwar noch einmal literarisch, durch Kritik und Reklame angereizt werden."[8] Und tatsächlich sind es genau diese Operationen, Niederschrift sowie Kritik und Reklame, die Kafka an dem Brief Margarethes vornimmt. Der Brief im Brief lautet:

> Sehr geehrter Herr Dr. Kafka!
>
> Für die liebenswürdige Sendung der Karten und freundliches Gedenken, erlaube mir Ihnen besten Dank zu sagen. Auf dem Ball habe ich mich gut amüsiert, bin erst mit meinen Eltern morgens ½ 5 Uhr nach Hause gekommen. Auch war der Sonntag in Tiefurt ganz nett. Sie fragen, ob es mir Vergnügen macht, Karten von Ihnen zu erhalten; darauf kann ich nur erwidern, daß es mir und meinen Eltern eine große Freude sein wird, von Ihnen zu hören. Sitze so gern im Garten am Pavillon und gedenke Ihrer. Wie geht es Ihnen? Hoffentlich gut. Ein herzliches Lebewohl und freundliche Grüße von mir und meinen Eltern sendet
>
> Margarethe Kirchner.[9]

Selbst dort, wo sie sich amüsiert, sind die Eltern dabei, und die Frage, ob es ihr Vergnügen macht, Karten von

[8] Martin Heidegger, *Was heißt Denken?*, Tübingen: Max Niemeyer 1961, S. 154–155.
[9] Brod, Kafka, *Eine Freundschaft. Briefwechsel*, S. 105.

ihm zu erhalten, beantwortet sie, indem sie, ganz diplomatisch, im eigenen und zugleich im Namen der Eltern spricht. Kafka schreibt getreu ab oder im Sinne Heideggers buchstäblich nieder, allerdings sind es seinen eigenen Angaben nach zwei Karten Margarethes, die er zu einem Text zusammenfasst. Wo genau die Grenze im abgeschriebenen Text verläuft, wird nicht eigens markiert. Der Akt der manuellen Kopie lässt also den abgeschriebenen Text nicht unverändert; und das noch in einem anderen Sinne, den Kafkas Kommentar deutlich macht: „Es ist bis auf die Unterschrift nachgebildet. Nun? Bedenke vor allem, daß diese Zeilen von Anfang bis zu Ende Litteratur sind“[10] – und das, obwohl sie sich außerhalb der diskursiven Einheiten befinden, die das moderne literarische Statut definieren, also diesseits von Autorschaft, Werk, Buch etc. angesiedelt sind. Diese Zeilen sind nicht *Litteratur* in einem ontologischen oder semiologischen Sinne, sie werden es dadurch, dass sie Buchstabe für Buchstabe abgeschrieben, kopiert, einem Dritten mitgeteilt und zugleich Gegenstand einer medialen Reflexion werden. Der Karte Margarethes sind die Karten Kafkas vorausgegangen, auf die sie antwortet. *Litteratur* sind die Zeilen nicht aufgrund einer intrinsischen Qualität des Geschriebenen, sondern wegen seiner spezifischen Bindungswirkung. Diese Wirkung erfährt das Mädchen am eigenen Leibe und erwehrt sich ihrer dadurch, dass sie Kafkas Karten so behandelt, als wären sie zugleich an die Eltern gerichtet. Die einfachste

[10] Ebd.

Form der Gegenwehr wäre sicherlich, Kafkas Karten und ihre kommunikative Offerte unbeantwortet zu lassen.

Was ist Kafkas Kriterium für *Litteratur*, die seiner kategorischen Feststellung zugrunde liegt? Er formuliert dieses Kriterium wie folgt: „Denn wenn ich ihr nicht unangenehm bin, wie es mir sehr vorkam, so bin ich ihr doch gleichgültig wie ein Topf. Aber warum schreibt sie dann so, wie ich es wünsche? Wenn es wahr wäre, daß man Mädchen mit der Schrift binden kann!“[11] Trotz der Gleichgültigkeit des Mädchens, die Kafka in einen „Topf“, also ein Küchengeschirr verwandelt, nötigt sie etwas, ihm zu schreiben. Der Gleichgültigkeit würde der Abbruch oder die Verweigerung der Kommunikation entsprechen. Tatsächlich aber sind die Zeilen Margarethes für Kafka nichts Geringeres als eine Wunscherfüllung: Sie schreibt so, „wie ich es wünsche“. Obwohl Kafka in Weimar die Gelegenheit hatte, die sechzehnjährige Margarethe Kirchner fast täglich zu sehen, fällt sein Fazit am letzten Tag seines Aufenthalts denkbar nüchtern aus: „Anstrengung, um keinen Preis deutlich werden zu lassen, wie wir mit keinem Fädchen zusammenhängen“, resümiert er einen gemeinsamen Spaziergang durch den Goethepark.[12] Die Verbindung, die Spaziergänge nicht herzustellen vermögen, stiftet die *Litteratur*.

[11] Ebd.
[12] Kafka, *Reisetagebücher*, S. 92.

2. Litteratur vs. Dichtung

Von Interesse ist das Problem der *Litteratur*, die Kafka bekanntlich stets mit einem Doppel-T schreibt, auch deshalb, weil ausgerechnet nach der medienarchäologischen Entzauberung deutscher Dichtung der ‚Goethezeit' in den *Aufschreibesystemen* sich beim späten Kittler eine Konstellation abzeichnete, die eine unglaubliche Aufwertung der sogenannten Dichtung zulasten der Literatur betreibt und damit genau jenen „hyperkulturellen Gebrauch"[13] einer Sprache erneuert, den Gilles Deleuze und Félix Guattari für die Dichtungen der Prager Schule beschreiben, die „sämtliche möglichen Reterritorialisierungen"[14] des sprachlichen Materials vollziehen. Während Kafka das papierene, bürokratische oder, mit einer seiner Lieblingswendungen, *förmliche* Deutsch in all seiner Armut über jede semantische und metaphorische Tiefe hinauszutreiben versucht und ‚intensiv' werden lässt, beschreiten Max Brod, Gustav Meyrink und andere den Weg, dieses Deutsch, das als Medium der Befehlsübermittlung, Machtausübung, aber auch des Widerstands gegen sie dient, aufzublähen, indem sie „sämtliche Ressourcen eines Symbolismus, einer Hellseherei, einer esoterischen Sinngebung, eines verborgenen Signifikanten ausbeuten"[15] (Kabbala, Alchimie, Traum von Zion). Friedrich Kittler beruft sich in *Musik und Mathematik*,

[13] Gilles Deleuze, Félix Guattari, *Kafka. Für eine kleine Literatur*, Frankfurt a.M.: Suhrkamp 1976, S. 37.
[14] Ebd., S. 41.
[15] Ebd., S. 28.

allen Konnotationen der Nüchternheit zum Trotz, die dieser Buchtitel evoziert, auf die ursprüngliche Gabe einer zugleich dichterischen und denkerischen Sprache, deren Möglichkeitsbindung im singenden Alphabet der Griechen liege, um Dichtung einmal mehr ein für alle Mal von allem literarisch-papierenen Unwesen, das später kommt, zu trennen. Wie immer man die Beurteilung der Medientechnik des griechischen Alphabets auch bewerten mag, Kittlers Unternehmen ist ganz darauf abgestellt, eine Unterscheidung mit den Mitteln der Medienwissenschaft zu bekräftigen, die zuvor von der Philosophie, nämlich derjenigen Heideggers, getroffen wurde. Heidegger behauptet eben jene Unversöhnlichkeit von Dichtung und Literatur, deren Triftigkeit eine Medienarchäologie Groß-Griechenlands[16] zu beweisen hat. In seiner Vorlesung „Was heißt Denken?“ schreibt Heidegger: „Abendländische Dichtung und europäische Literatur sind zwei abgründig verschiedene Wesensmächte unserer Geschichte. Vermutlich haben wir vom Wesen und der Tragweite des Literarischen noch ganz unzureichende Vorstellungen. Durch das Literarische und in ihm als ihrem Medium sind nun aber Dichten und Denken und Wissenschaft einander angeglichen.“[17]

Um uns eine Ahnung von der Richtigkeit der Unterscheidung von Dichtung und Literatur zu vermitteln, müssen wir hören, so Kittler, „wie Dichtung vor Euri-

[16] Friedrich Kittler, *Musik und Mathematik*, Bd. 1: *Hellas*, Teil 1: *Aphrodite*, München: Fink 2006, S. 155–156.
[17] Heidegger, *Was heißt Denken?*, S. 154.

pides geklungen hat und klingt",[18] also zum Beispiel in einem von Sapphos Liedern, in dem es u.a. heißt:

nein komm hierher – wenn du sonst je
mein lauten fern vernahmst und hörtest –
aus deines vaters haus kamst du auf
goldnem wagen

angeschirrt – flink zogen dich die
schönen spatzen über schwarze erde –
mit wirrem flügelschlag vom himmelsglanz
durch luft inmitten

rasch gelandet. du aber – glückliche –
ein lächeln im unsterblichen gesicht –
frugst was ich diesmal litt – warum
ich diesmal rief

und was mein rasendes gemüt am
meisten wünscht.[19]

Sicher, in diesem Fragment, das kein Fragment sein soll, ist es kein schreibender Versicherungsjurist, sondern Sappho, die niemand andere als die Göttin Aphrodite mit ihren Versen und ihrer Leier anruft oder herbeizitiert: „Nur Sappho singt wie Honig ‚süss' und ‚blumig' wie Sirenen."[20] Literatur, unter deren Gesetz wir seitdem stehen, wird niemals solche Süßigkeit her-

[18] Kittler, *Musik und Mathematik*, S. 156.
[19] Ebd., S. 157.
[20] Ebd., S. 158.

vorbringen können, denn sie ist, anders als Dichtung, mit der Macht, also Geld, Handel und Staat verbunden, während doch die frühen überlieferten griechischen Inschriften allein Weib, Wein und Gesang verpflichtet sind. Aber könnte es sein, dass es zwischen Dichtung und Literatur noch etwas Drittes gibt, eben ‚kleine Literatur‘, wie sie Kafka schrieb und zu denken versuchte:[21] eine Literatur, deren Sprache sich ihrer Herkunft aus dem Staatsapparat und der Sphäre der Repräsentation nicht schämt und daher dieser Sphäre auch nicht um den Preis ihrer Reinszenierung als Dichtung entkommen will, weshalb sie sich konsequent dem entzieht, was sich als eine übermäßige Mythenhaftigkeit der Literatur zu erkennen gibt, eine zu große Formung, ein Übermaß an Evidenz und Sinn? Was ist eine kleine Literatur? Eine mindere Literatur, die sich von den Prinzipien, den großen Themen und den großen Symbolen – „leichte Symbolbildung“ ist hier Kafka zufolge die Devise – ‚entlastet‘,[22] die Literatur einer ‚Minderheit‘, „die sich einer großen Sprache bedient. Ihr erstes Merkmal ist daher ein starker Deterritorialisierungskoeffizient, der ihre Sprache erfaßt“.[23]

Kafkas Reise nach Weimar verdient besondere Aufmerksamkeit, weil Weimar die Produktionsstätte großer Literatur par excellence ist. Kafka bewegt sich hier also auf einem Territorium, das längst als literarische

[21] Vgl. die einschlägigen Eintragungen zu den „kleinen Litteraturen“ in Kafka, *Tagebücher*, in: *Gesammelte Werke in zwölf Bänden*, Bd. 1: *1909–1912*, Frankfurt a.M.: Suhrkamp 1994, S. 243–245, S. 247, S. 249–250, S. 253.

[22] Ebd., S. 253.

[23] Deleuze, Guattari, *Kafka*, S. 24.

Klassikerstätte internationale Anerkennung und touristischen Kultstatus genießt. Weimar ist der Ort, an dem das Deutsche, „diesmal aber die Sprache Goethes", entsteht, die „eine kulturelle und referentiale Funktion" erfüllt (wie vorher das Französische); das Deutsche ist für die Prager Juden zugleich die „vehikulare Sprache der Städte, die bürokratische Staats- und kommerzielle Handelssprache (während bereits das Englische dafür unverzichtbar zu werden beginnt)".[24] Die kleine Literatur Kafkas vollzieht sich am Ort dieser deutschen Literatur-Sprache und zugleich gegen sie,[25] in Auseinandersetzung mit ihrer politisch-kulturellen Dominanz. Sie lehnt es ab, sich der vernakularen, einheimischen Sprache, also des Tschechischen zu bedienen, sie weigert sich auch, eine „Wiederbelebung des gesprochenen, volkstümlichen ‚Jargons'"[26] (des Jiddischen) zu praktizieren und vertraut sich auch nicht der mythischen Sprache des Hebräischen an, die mit dem Zionismus an Bedeutung gewinnt. Dem Jargon kommt für Kafka insofern Modellfunktion zu, als er, der keine Grammatiken hat, aus lauter ‚gestohlenen', beweglich gemachten Wörtern besteht, den großen normierten und standardisierten Sprachen beständig Formen und Phrasen entreißt und sie verwandelt, intensiv funktionieren lässt. Wenn Kittler schreibt: „Freisein heisst im Griechenalphabet, selbst das Schönste umdichten zu dürfen, Despotie im Morgenland, dass bis zum Ende

[24] Ebd., S. 36.

[25] „Goethe hält durch die Macht seiner Werke die Entwicklung der deutschen Sprache wahrscheinlich zurück." Kafka, *Tagebücher 1909–1912*, S. 247.

[26] Deleuze, Guattari, *Kafka*, S. 37.

von Himmel und Erde ‚nicht der kleinest buchstabe/ noch ein tüttel vom Gesetz‘ zergehen dürfen“,[27] dann ist mit diesem kulturtypologisch zugespitzten Antagonismus oder *clash of civilizations* unbeabsichtigterweise die Lage der kleinen Literatur bezeichnet, die zwischen den großen soziokulturellen Blöcken darauf sinnt, dem Befehl zuwider etwas an Buchstaben und ehernem Gesetz ‚zergehen‘ zu lassen. Kittlers Satz dagegen sperrt die Sprachen in ihrem jeweiligen *typos* ein: Was das Griechenalphabet in unablässiger dichterischen Modulation freizügig gestattet und was sich als ein dichterisches Spiel im politisch-ökonomischen Abseits vollzieht, verbieten die orientalischen Despotien uneingeschränkt: „So gnadenlos herrscht Schrift, in der niemand einen einzigen Buchstaben löschen oder mehren darf, während *Ilias* und *Odyssee* in tausenden von freien Varianten überliefert sind.“[28] Kleine Literatur ist die Kunst, tausende von freien Varianten herzustellen, aber nicht bloß zu Dichtungen und Festgesängen, sondern zu einer vermeintlich gnadenlos herrschenden Schrift, wie sie in den bürokratischen Apparaten Verwendung findet, denen Kafka als Conceptbeamter angehörte, wie sie aber auch die große Literatursprache, die Sprache Goethes oder Deutsche Dichtung, hervorgebracht hat, die sich der Erziehung der Staatsbürger und des Menschengeschlechts zugleich verschreibt. Die große Literatur ist staatstragend, weil sie um 1800 zum Leitmedium der höheren

[27] Kittler, *Musik und Mathematik*, S. 115.
[28] Ebd., S. 113.

Bildungsanstalten avanciert. Aber wenn die *Aufschreibesysteme* die Instituierung Deutscher Dichtung mit dem Seufzer Fausts beginnen lassen, der mit aller Gelehrsamkeit Schluss machen will und „freies Übersetzen",[29] also die unendliche Variantenproduktion, die jeder diskursiven Kontrollinstanz entzogen ist, zum Inbegriff dieser Dichtung macht, dann ist mit Benjamin daran zu erinnern, dass ausgerechnet in Weimar, an jenem Ort, der metonymisch für den Klassizismus Goethes steht, zugleich der Prozess einer zunehmenden Entfremdung Goethes von den Erwartungen seines Publikums einsetzte, der seine späte Literatur vollends der staatspolitischen Vereinnahmung entzog: „Goethe stand in keinem Rapport zum Publikum."[30]

2. Goethehaus: Benjamin, Kafka

Kafkas Eintragungen im Reisetagebuch vom Juni/Juli 1912 berühren, jedenfalls während seines Aufenthalts in Weimar, Literatur nur am Rande und, anders als in den Tagebüchern, interessanterweise nirgendwo im *expliziten* Zusammenhang mit Goethe. Dabei sucht er nach der Ankunft in Weimar, von Leipzig kommend, noch in der ersten Nacht seines einwöchigen Aufenthalts das Goethehaus am Frauenplan auf: „Gang in der Nacht zum Goethehaus. Sofortiges Erkennen. Gelbbraune Farbe des Ganzen. Fühlbare Beteiligung unse-

[29] Friedrich Kittler, *Aufschreibesysteme 1800/1900*, München: Fink 1995, S. 11, S. 26.
[30] Walter Benjamin, *Enzyklopädieartikel „Goethe"*, in: *Gesammelte Schriften*, Bd. II/2, S. 725.

Abb. 1
Goethes Haus am Frauenplan

res ganzen Vorlebens an dem augenblicklichen Eindruck. Das Dunkel der Fenster der unbewohnten Zimmer. Die helle Junobüste. Anrühren der Mauer. Ein wenig herabgelassene weiße Rouleaux in allen Zimmern. 14 Gassenfenster. Die vorgehängte Kette. Kein Bild gibt das Ganze wieder. Der unebene Platz, die Brunnen, die dem ansteigenden Platz folgende gebrochene Baulinie des Hauses. Die dunklen etwas länglichen Fenster in das Braungelbe eingelegt. Das auch an und für sich auffallendste bürgerliche Wohnhaus in Weimar."[31]

Noch im Zug, kurz vor der Ankunft, beschreibt Kafka den Eindruck, den ein „ältere[s] Fräulein im

[31] Kafka, *Reisetagebücher*, S. 83.

Coupé“ auf ihn und Brod hinterlässt: „Dunkle Haut. Schöne Rundungen an Kinn und Wangen. Wie sich die Näthe der Strümpfe um ihre Beine drehten, sie hatte das Gesicht mit der Zeitung verdeckt und wir sahen die Beine an. Weimar. Auch sie steigt dort aus, nachdem sie einen großen alten Hut angezogen hatte.“[32] Das ältere Fräulein kündigt Weimar und das Goethehaus an. Beide haben dies gemeinsam, dass sie unzugänglich sind, oder nicht eigentlich unzugänglich, sondern gesichtslos, und zwar so, dass sie in lauter Einzelteile zerfallen, weshalb Kafka schreibt: „Kein Bild gibt das Ganze wieder.“ Kafka nähert sich seinen Objekten in einem kinematografischen Modus, ganz so, wie Béla Balázs es 1930 unter dem Stichwort der „Mikrophysiognomie“[33] beschreibt: Das „*ganze* Gesicht“[34] als Gesamtwirkung fällt aus, sei es, wie im Fall des älteren Fräuleins, dass sie das ihrige mit der Zeitung verdeckt, und damit den Blick auf andere Partien und Details ihres Körpers umlenkt, sei es, dass das „auffallendste bürgerliche Wohnhaus in Weimar“ sich in eine Serie von Partialobjekten oder ‚Rohstoffen‘ auseinanderlegt, so dass sich die gelbbraune Farbe zur hellen Junobüste, zum taktil zugänglichen Mauerstück, den weißen Rouleaux, den abgezählten Gassenfenstern und dem *close up* der vorgehängten Kette gesellt. „Jedoch die Kamera rückte näher heran“, schreibt Balázs, und kennzeichnet damit zugleich Kafkas Verfahren einer metonymischen Verkettung von asignifi-

[32] Ebd.
[33] Béla Balázs, *Der Geist des Films*, Frankfurt a.M.: Suhrkamp 2001, S. 18.
[34] Ebd.

kanten Einzelteilen oder Wahrnehmungsmomenten, die sich zu keiner Gesamtwirkung eines *Gesichts* ergänzen: „Und siehe: innerhalb des Gesichtes zeigen sich Teilphysiognomien, die ganz anderes verraten, als der Gesamtausdruck vermuten ließ [...]. Ein feines Lächeln beherrscht den Gesamtausdruck. Aber Nasenflügel, Ohrmuschel, Nacken haben alle ihr eigenes Gesicht. Und isoliert gezeigt, verraten sie heimliche Rohheit, übertünchte Dummheit. Der ‚allgemeine Eindruck' übertönt sie in der Detaillierung nicht."[35]

Was Balázs 1930 dem Vermögen der Kamera attestiert, beobachtet Kafka in seiner frühen Erzählung „Der Fahrgast" an einem Mädchen, das auf der „Plattform des elektrischen Wagens [...] zum Aussteigen bereit" ist: „Sie erscheint mir so deutlich, als ob ich sie betastet hätte. [...] Ihr Gesicht ist braun, die Nase, an den Seiten schwach gepreßt, schließt rund und breit ab. Sie hat viel braunes Haar und verwehte Härchen an der rechten Schläfe. Ihr kleines Ohr liegt eng an, doch sehe ich, da ich nahe stehe, den ganzen Rücken der rechten Ohrmuschel und den Schatten an der Wurzel."[36] Balázs bietet die folgende Formel für die Detaillierungsarbeit des Kamerablicks an, der offenbar nicht exklusiv an den Kameraapparat gebunden ist, sondern im Medium der Literatur nachgeahmt werden kann: „Hinter dem Gesicht, das man macht, das Gesicht, das man hat und nicht ändern noch kon-

[35] Ebd., S. 18–19.

[36] Franz Kafka, „Der Fahrgast", in: *Ein Landarzt und andere Drucke zu Lebzeiten*, Frankfurt a.M.: Fischer 1994, S. 26–27.

trollieren kann."[37] Also das Gesicht, von dem man noch nicht einmal wissen kann, dass man es hat, so dass die Kamera hier als ein Medium der körperlichen Enteignung funktioniert, weshalb die Frage verständlich ist, mit der Kafka die „Fahrgast"-Miniatur beendet: „Ich fragte mich damals: Wieso kommt es, daß sie nicht über sich verwundert ist, daß sie den Mund geschlossen hält und nichts dergleichen sagt?"[38] Was der Kamerablick des Erzählers am Gesicht und Kopf des Mädchens freilegt, gehört allein diesem Blick und entzieht sich vollständig ihrem Bewusstsein und den ihm zur Verfügung stehenden sprachlichen Ausdrucksmitteln.

Immer wieder während seines Weimaraufenthalts streicht Kafka um Goethes Wohnhaus am Frauenplan, der damals noch Goetheplatz hieß. Vom Fräulein aus dem Coupé, das gleichfalls in Weimar ausstieg, erfahren wir: „Ich sah sie später einmal, als ich vom Marktplatz aus das Goethehaus beobachtete."[39] Der Beobachtungsbegriff ist hier nicht zufällig gewählt. Etwas treibt Kafka zu dem Gebäude, etwas durchaus Gegenwärtiges, das wenig oder gar nichts mit den Motiven zu tun hat, die Klassik-Touristen oder Goetheliebhaber zu dem Haus führt, von denen es, wie Kafka mitteilt, bereits 1912 im Jahresdurchschnitt 30.000 gab. Am 30. Juni, dem zweiten Tag seiner Weimarvisite, notiert er: „Goethehaus. Repräsentationsräume. Flüchtiger An-

[37] Balázs, *Der Geist des Films*, S. 19.
[38] Kafka, „Der Fahrgast", S. 27.
[39] Kafka, *Reisetagebücher*, S. 83.

Abb. 2
Goethes Arbeitszimmer: „Trauriger an tote Großväter erinnernder Anblick"

blick des Schreib- und Schlafzimmers. Trauriger an tote Großväter erinnernder Anblick."[40]

Das ist schon alles, was er über die, wie sich Walter Benjamin mehr als ein Jahrzehnt später ausdrückt, *cella* der Produktionsstätte klassischer Dichtung aufzuschreiben für wert hält. Das Aufgeschriebene reflektiert bei Kafka den bloß „flüchtigen Anblick", der sich völlig von jener Meditation unterscheidet, mit der Benjamin seine Weimarvisite abschließt. Benjamin beschwört eine zukünftige Philologie, die sich als ar-

[40] Ebd., S. 84.

chitektonische Umweltwissenschaft geistiger Produktivität versteht: „Noch warten wir auf eine Philologie, die diese nächste, bestimmendste Umwelt – die wahrhafte Antike des Dichters[41] – vor uns eröffne. Dies Arbeitszimmer war die cella des kleinen Baus, den Goethe zwei Dingen ganz ausschließlich bestimmt hatte: dem Schlaf und der Arbeit. Man kann gar nicht ermessen, was die Nachbarschaft der winzigen Schlafkammer und dieses einem Schlafgemache gleich abgeschiedenen Arbeitszimmers bedeutet hat. Nur die Schwelle trennte, gleich einer Stufe, bei der Arbeit ihn von dem thronenden Bett. Und schlief er, so wartete daneben sein Werk, um ihn allmählich von den Toten loszubitten. Wem ein glücklicher Zufall erlaubt, in diesem Raume sich zu sammeln,[42] erfährt in der Anordnung der vier Stuben, in denen Goethe schlief, las, diktierte und schrieb, die Kräfte, die eine Welt ihm Antwort geben hießen, wenn er das Innerste anschlug."[43]

[41] „Antike" schreibt Benjamin, weil er die Primitivität des Goetheschen Arbeitszimmers vom „höllische[n] Frührot des bürgerlichen Komforts" absetzt, dem sich Goethe, der es „leicht hätte anders haben können", verweigert. (Benjamin, „Weimar", S. 354.)

[42] Deshalb spreche ich vom meditativen Zug der Beschreibung Benjamins – im Unterschied zur flüchtigen, zerstreuten Wahrnehmung Kafkas.

[43] Benjamin, „Weimar", S. 354f. Benjamin geht nicht weiter auf die verteilte Autorschaft des Goetheschen Schreibens ein. Ihr trug Goethe terminologisch dadurch Rechnung, dass er von den Schreibern, denen er diktierte, als „Kanzleigenossen" sprach und für die nach 1820 ins Riesenhafte anwachsende Schreibarbeit insgesamt den Begriff der „Hauskanzlei" prägte. Die klösterliche Regel der Goetheschen Lebensführung wird von Benjamin nicht eigens in ihrem Verhältnis zum manufakturartig organisierten Schreibprozess reflektiert. (Vgl. Erich Trunz, *Ein Tag aus Goethes Leben. Acht Studien zu Leben und Werk*, München: Beck 1990, S. 46.)

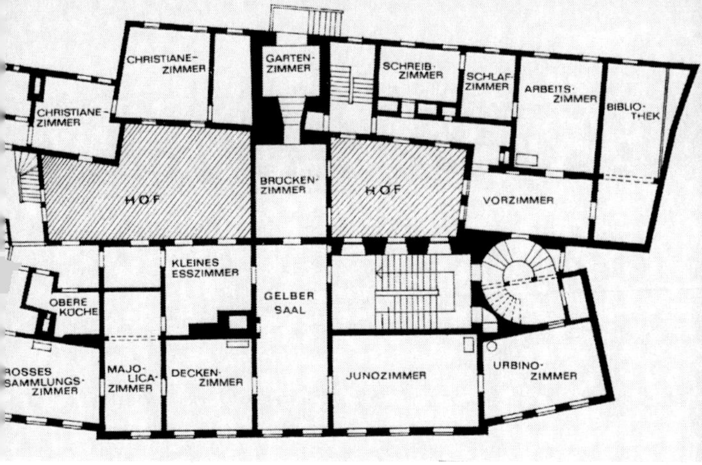

Abb. 3
Goethes Haus am Frauenplan, Grundriss des ersten Stocks

Benjamins Beschreibung nimmt unübersehbar sakralisierende Züge an, das architektonische Geviert (bestehend aus Arbeits-, Schlaf-, Schreibzimmer und Bibliothek) ist auf die *cella* des Arbeitszimmers hin ausgerichtet, dessen spartanische Einrichtung der klösterlichen ‚Armut' entspricht.[44] Goethe bewohnt das Geviert wie ein Mönch die Funktionsräume eines Klosters. Die extreme Zeitplanung kommt in der Anordnung der Räume zum Ausdruck, deren wechselseitige Durchlässigkeit (nur eine Schwelle trennt das

[44] Die Details lesen sich bei Trunz folgendermaßen: „Die Ausstattung ist sehr einfach: ein Bett aus Kiefernholz, dahinter ein Wandbehang; an den Wänden eine Tabelle zur Tonlehre und eine Tabelle zur Geologie. Kein Kunstwerk, kein Porträt, kein Erinnerungsstück." (Trunz, *Ein Tag aus Goethes Leben*, S. 44.)

Abb. 4
„Nur eine Schwelle trennt das Schlafen vom Arbeiten“

Schlafen vom Arbeiten) dafür Sorge trägt, dass keine ‚unproduktive‘ Zwischenzeit anfällt, sondern der Körper des Dichters nach der Ruhe sofort wieder dem Schreibtisch überstellt wird.

Diese architektonisch materialisierte Zeitplanung ist ein altes Erbe, das von den klösterlichen Gemeinschaften in die moderne Szenerie der säkularen Disziplinen überliefert wurde. Festsetzung von Rhythmen, Zwang zu bestimmten Tätigkeiten, Regelung der Wiederholungszyklen: Dieses „strenge Schema“,[45] wie Foucault einmal sagt, fasst Benjamin unter dem Stichwort der Goetheschen „Lebensführung“[46] zusammen.

Benjamins kurzer, streng komponierter dreigliedriger Weimarreisebericht legt sich gewissermaßen in konzentrischen Kreisen um das Allerheiligste der Goetheschen *cella*. Der erste Abschnitt beschreibt das Aufwachen im Hotel Elefant, wo Benjamin abgestiegen war und durch die Marktgeräusche – „Märkte sind die Orgien der Morgenstunden“[47] – geweckt wird, um dann aber feststellen zu müssen, dass das „Ballett in der Frühe“ schon vorbei ist, als er es in Augenschein nehmen will; der zweite Abschnitt berichtet von einem Besuch im Goethe-Schiller-Archiv, in dem er die ausgestellten Goethe-Manuskripte oder „Blätter“ mit „Kranken in Hospitälern“ vergleicht, die wenig an die ‚stämmigen‘ „Werke“ erinnern, in die sie schließlich

[45] Michel Foucault, *Überwachen und Strafen*, Frankfurt a.M.: Suhrkamp 1981, S. 192. Vgl. auch Giorgio Agamben, *Höchste Armut. Ordensregeln und Lebensform. Homo Sacer IV/1*, Frankfurt a.M.: Fischer 2011.

[46] Benjamin, „Weimar“, S. 354.

[47] Ebd., S. 353.

Eingang gefunden haben.[48] Es hätte alles auch anders kommen können, ist die beunruhigende Erfahrung, die Benjamin im Archiv macht, auch diese Blätter standen „in einer Krisis“, der „Schauer“, der über sie hinlief, konnte „vom Nahen der Vernichtung oder des Nachruhms“ kommen.[49] Die Erfahrung der ‚Krisis‘ ist in Benjamins Weimar-Dramaturgie aber nur ein Zwischenstadium, dass durch die Versenkung in die *cella* des Arbeitszimmers abgelöst wird. In ihr regiert zwar die durch keinen bürgerlichen Komfort abgemilderte „Härte des Lebens“, der sich ihr Bewohner aussetzte, aber zugleich auch schon das „Werk“, das Goethes Schlaf bewacht und ihn daran hindert, vorzeitig in die ‚ewige Ruhe‘ einzukehren: „Und schlief er, so wartete daneben sein Werk. Um ihn allnächtlich von den Toten loszubitten.“[50] So sehr Benjamin also die determinierenden Faktoren der Goetheschen Existenz auf ihrer Produktions- und Disziplinarseite, also bei dem, was er die „Kräfte“ nennt, ansiedelt und die „Repräsentationsräume“ mit Schweigen übergeht, so sehr ist doch auch diese Philologie der ‚nächsten Umwelt‘ in eine teleologische Perspektive eingerückt, die auf das „Werk“ abzielt und dieses „Werk“ um so strahlender erscheinen lässt, als es äußersten Schwierigkeiten („Härte des Lebens“) und historischen wie medialen Kontingenzen abgerungen ist und in diesem Sinne ein Höchstmaß an Unwahrscheinlichkeit verkörpert. In den beiden Träumen, die die *Einbahnstraße* erzählt,

[48] Ebd.
[49] Ebd., S. 354.
[50] Ebd., S. 355.

werden auch die Repräsentationsräume zu Schauplätzen der Erscheinung eines nicht länger klassizistischen Werkes. Dort sind „Vestibül" und „Speisesaal" (neben dem auch hier erwähnten Arbeitszimmer, das aber im Traum „keine Ähnlichkeit mit dem zu Weimar" hat) die Orte des Geschehens. Im zweiten Traum tritt Goethe als Schreibender, dann jedoch als Schenkender auf. Der Träumende erhält nicht nur aus der Hand des Dichters „eine kleine Vase, ein antikes Gefäß", sondern Goethe richtet für ihn und seine „Verwandtschaft" ein Essen aus, wobei nicht nur für die lebenden Verwandten, sondern auch für die „Ahnen" gedeckt ist. Nach dem Ende des Mahls erbietet der Träumende von dem gebrechlichen Goethe die Erlaubnis, „ihn zu stützen": „Als ich seinen Ellenbogen berührte, begann ich vor Ergriffenheit zu weinen."[51] Der Traum erweist sich als Wunscherfüllung, da er Goethe als einen Gebenden nicht nur klassizistischer Objekte (‚Werke'), sondern als generösen Gastgeber vorführt, der auch die toten Angehörigen in seine Gastfreundschaft einbezieht. Wenn Benjamin im *Enzyklopädieartikel* daran erinnert, dass Goethe der „Aufenthalt in Krankenzimmern" und die „Nähe Sterbender unerträglich" war,[52] dann führt der Traum den Dichter eben in der Position des gebrechlichen Menschen vor. Diese ‚Gebrechlichkeit' reklamiert Benjamin in seiner Goethe-Lektüre zugleich als literarische Kategorie für das Spätwerk des Autors, das daher einer ‚Stützung'

[51] Alle vorausgehenden Zitate: Walter Benjamin: „Nr. 113", *Einbahnstraße*, in: *Gesammelte Schriften*, Bd. IV/1, S. 87.
[52] Benjamin, *Enzyklopädieartikel*, S. 727.

bedarf. Benjamin richtete sein Bemühen um Goethe, das in einer Art Zweifrontenkrieg gegen seine Vereinnahmung durch den bürgerlichen Goethekult ebenso wie durch die der George-Schule gerichtet war, auf die Freilegung jener Dimension des Spätwerks, in der die ‚Gebrechlichkeit' als eine bewusste und provokative Entsagung „nicht allein der Lust, sondern auch der Größe, dem Heroentum"[53] erscheint.

So sehr Benjamin aber auch dem klassizistischen Missverständnis Goethes Paroli bot und sich von den monumentalisierenden Tendenzen der Goetherezeption nach der Reichsgründung angewidert abwendete, so sehr konnte doch auch seine esoterische Lektüre,[54] die Goethe dem Bürgertum aus der Hand schlagen wollte, nicht auf eine Gegen-Stilisierung des ‚alten Mannes' verzichten. Das Pathos, das Benjamin in seinen Goethe-Miniaturen erzeugt, ist durchaus ein gebrochenes, wenn er in seinem *Weimar*-Text den alten Mann im Arbeitszimmer „abends im Schlafrock" und bei Kerzenlicht zeigt, „die Arme auf ein mißfarbenes Kissen gebreitet, am mittleren Tische" sitzend und studierend.[55] Benjamins Beschreibung wechselt jedoch ihren Ton, wenn er schreibt: „Hier hat der Greis mit der Sorge, der Schuld, der Not die ungeheuren Nächte gefeiert, ehe das höllische Frührot des bürgerlichen Komforts zum Fenster hineinschien."[56] Bevor Benja-

[53] Ebd., S. 730.

[54] Vgl. Annette Simonis, „Eine Miniatur dieser ganzen ... vielfach bedrohten Goetheschen Existenz. Goethe-Rezeption und -Kritik in den Schriften Walter Benjamins", in: *Germanistisch-Romanische Monatsschrift* 50 (2000), S. 443–459.

[55] Benjamin, „Weimar", S. 354.

[56] Benjamin, „Moskau", *Denkbilder*, in: *Gesammelte Schriften*, Bd. IV/1, S. 354.

min nach Weimar kam, war er in Moskau gewesen, u.a. um dort seinen *Goethe*-Artikel für die Große Sowjet-Enzyklopädie den Herausgebern, vergeblich, schmackhaft zu machen. Die auf zwanzig Abschnitte angewachsenen „Moskau"-Denkbilder enden mit einer Beschreibung des Todestages Lenins. In dieser Beschreibung wiederholt sich die Konstellation einer paradoxen Auseinandersetzung mit dem Heroentum Goethes: „Die Trauer um Lenin ist für die Bolschewisten zugleich die Trauer um den heroischen Kommunismus", so wie die Trauer um Goethe für seine bürgerlichen Anhänger, die sein Spätwerk und damit sein eigentliches Vermächtnis ausschlagen, die Trauer über die Abwendung des Dichters von seinem bürgerlichen ‚Auftrag' ist: „Jetzt gelten andere Befehle als zu Lenins Zeiten, freilich Parolen, die er selbst noch ausgab. Jetzt macht man jedem Kommunisten klar, die revolutionäre Arbeit dieser Stunde sei nicht Kampf, sei nicht der Bürgerkrieg, sondern Kanalbau, Elektrifizierung und Fabrikbau. Das revolutionäre Wesen echter Technik wird immer deutlicher herausgestellt."[57]

In Lenin wiederholt sich, was Benjamin für den späten Goethe konstatiert. Das klassizistische Bildungsideal und seine antiabsolutistische Stoßrichtung „tritt auf der ganzen Linie zurück": „Die ‚Humanisten' aus den ‚Lehrjahren' sind sämtlich Handwerker geworden: Wilhelm Chirurg, Jarno Bergmann, Philine Schneiderin."[58] Im Hinblick auf das Ende von *Faust II* schreibt

[57] Ebd., S. 348.
[58] Benjamin, *Enzyklopädieartikel*, S. 734.

Benjamin: „In einem geheimnisvollen, utopischen Ineinanderspiel agrarisch-technischen Wirkens und Schaffens mit dem politischen Apparat des Absolutismus hat Goethe die magische Formel gesehen, kraft deren die Realität der sozialen Kämpfe in Nichts sich verflüchtigen sollte."[59] Der Absolutismus der kommunistischen Partei glaubt, in Lenins berühmter Definition vom Sozialismus als Summe aus „Sowjetmacht + Elektrifizierung" über dieselbe Magie zu verfügen, durch die sich die Realität der sozialen Kämpfe in Nichts verflüchtigen soll. An Lenin zeigt sich im Übrigen, was Benjamin von Goethe her geläufig war: „Dieser Name wächst fort und fort."[60] Der ‚unabsehbar weite' „Kultus seines Bildes" bestimmt Benjamin, im einen wie im anderen Fall, diesem Kult ein anderes, weniger geläufiges Bild entgegenzusetzen. Sein Ehrgeiz ist es, im Falle Goethes gegen die monumentalisierenden und sentimentalisierenden Aneignungen die „Intransigenz des Dichters gegen die Denkart des bürgerlichen Durchschnitts"[61] darzutun; diesem Ehrgeiz entspricht im Falle Lenins der Vorbehalt gegen die sich „allmählich" ausbildenden „kanonischen Formen" seiner populären und omnipräsenten bildhaften Verehrung. Im Falle Goethes wie Lenins ist es die von der öffentlichen und publizistischen Wirkung abgewandte Seite des Studiums bzw. der geistigen ‚Arbeit', die Ben-

[59] Ebd., S. 737. Vgl. dazu auch Uwe Steiner, „‚Das Höchste wäre: zu begreifen, dass alles Factische schon Theorie ist'. Walter Benjamin liest Goethe", in: *Zeitschrift für deutsche Philologie* 121 (2002), S. 265–284, hier: S. 283.
[60] Benjamin, „Moskau", S. 348.
[61] Benjamin, *Enzyklopädieartikel*, S. 739.

jamin der revolutionären Fassadenbildlichkeit entgegensetzt: „Das altbekannte Bild des Redners ist das häufigste. Doch noch ergreifender und näher spricht vielleicht ein anderes: Lenin am Tisch, gebeugt über ein Exemplar der ‚Prawda'. So hingegeben an ein ephemeres Blatt erscheint er in der dialektischen Verspannung seines Wesens: den Blick gewiß dem Fernsten zugewandt, aber die unermüdete Sorge des Herzens dem Augenblick."[62]

Kafka hingegen gelten nicht nur Repräsentationsräume ebenso wie Schreib- und Studierzimmer gleich viel oder wenig. Er kommt auch mit keinem Wort auf das „Werk" Goethes zu sprechen, auf dessen Hervorbringung Benjamin die gesamte architektonische Anordnung der vier Stuben ausrichtet. Im Goethe-Schiller-Archiv, das auch Kafka aufsucht, sind es andere Texte, die seine Aufmerksamkeit auf sich ziehen, unter anderem ein Trinkspruch Frankfurter Bürger, die „nach der glücklichen Ilmstadt hinüber"[63] grüßen und den Kafka, wieder einmal, abschreibt. Dennoch sind Spuren oder Rückstände von Goethes Leben und Werk nicht vollständig abwesend, sie sind vielmehr anwesend, wie sich zeigt, im Modus der Flüchtigkeit oder des ‚Vorbeigehens'. Während Benjamin seinen Bericht auf den innersten Kern der Produktionsstätte, die *cella*, abstellt, lässt Kafka seinen dekonzentrierten Blick wie eine bewegliche Kamera durch die Räume schweifen, um sofort nach einem ‚Ausweg' zu suchen.

[62] Benjamin, „Moskau", S. 348.
[63] Kafka, *Reisetagebücher*, S. 89.

So sehr er in der Folge auch immer wieder vor das Goethehaus zu stehen kommt und es zum Gegenstand der Beobachtung macht: Es ist nicht das Geheimnis der Goetheschen Existenz oder dichterischen ‚Schaffenskraft', das ihn anzieht.

Kafkas flüchtiger Blick gilt einem ganz anderen Nachleben als dem des Werks und der halluzinierten Gegenwart des alten Mannes im Schlafrock. Der „fortwährend wachsende Garten" und die „das Arbeitszimmer verdunkelnde Buche"[64] tragen Produktivität nicht ins dichterische, sondern ins vegetative Register ein. Sie halten Kafka davon ab, die literarische Werkstatt und den Lebensraum Goethes in der Weise zu vergegenwärtigen, wie das Benjamin durch die Charakteristik der literarischen Produktionsstätte tut, der jede Üppigkeit fremd ist: „Leicht hätte er es anders haben können. Lederne Sessel und Polster gab es auch damals."[65] Unmittelbar auf Kafkas ‚flüchtige' Beobachtung des Schreib- und Schlafzimmers folgt die Beschreibung einer visuellen Impression, die für alles Weitere äußerst folgenreich sein wird. Kafka lenkt den Blick des Lesers nicht nur auf eine andere Umgebung als diejenige, in deren Zentrum sich das Arbeitszimmer Goethes befindet. Wenn er doch einmal das Arbeitszimmer betritt, dann nur, um es sofort wieder zu verlassen: „Goethes Arbeitszimmer. Durch eine Tür tritt man gleich in den Garten der Frau v. Stein."[66] Kafka fügt dem Goethehaus ganz neue Geschwindig-

[64] Ebd., S. 84.
[65] Benjamin, „Weimar", S. 354.
[66] Kafka, *Reisetagebücher*, S. 87.

keiten zu, die im äußersten Gegensatz zu der „Stille der Stunden“ steht, die Benjamins Bericht evoziert. Der „kleine Bau“ im Innersten des Hauses war ausschließlich, so Benjamin, „dem Schlaf und der Arbeit“ gewidmet, beides zwei Aktivitäten einer äußerst reduzierten körperlichen Bewegung, die allein an der das Papier beschreibenden Hand des Dichters (und seiner Sekretäre) und den regelmäßigen Atemzügen des Schlafenden sichtbar wird. Schreibzüge und Atemzüge sind alles, was sich in der *cella* an Bewegung zeigt.

3. Das Laufen der Mädchen

Kafkas Beobachtungen dagegen wechseln unvermittelt von der Physiologie der Vegetation (wuchernder Garten) zur Physik bzw. Kinetik wahrnehmbarer Körperbewegungen über: „Schon als wir im Treppenhaus unten saßen, lief sie mit ihrer kleinen Schwester an uns vorüber. Der Gipsabdruck eines Windspiels, der unten im Treppenhaus steht, gehört in meiner Erinnerung mit zu diesem Laufen. Dann sahn wir sie wieder im Junozimmer, dann beim Ausblick aus dem Gartenzimmer. Ihre Schritte und ihre Stimme glaubte ich noch öfters zu hören.“[67]

„‚Auch diese Mädchen gehören zum Gericht‘“,[68] belehrt der Maler Titorelli Josef K. bei dessen Besuch im Dachkammeratelier. Im *Prozess* ist es eine „Menge“

[67] Ebd., S. 84.
[68] Franz Kafka, *Der Proceß*, Frankfurt a.M.: Fischer 1994, S. 158.

Abb. 5
Windspiel, Goethehaus

Mädchen, dazu noch solche der unsauberen und „ganz verdorbenen“ Art, die Josef K. im Treppenhaus mit großem „Geschrei“ begleiten. Der Moment der Erstbegegnung mit den Mädchen ist im Roman ganz ähnlich beschrieben wie in der Weimarer Tagebuchnotiz: „Gerade als K. ein wenig stehenblieb, liefen ein paar kleine Mädchen aus einer Wohnung heraus und eilten lachend die Treppe weiter hinauf.“[69] So wie diese Mädchen sämtlich zum Gericht gehören, gehören die anderen zum Goethehaus. Wer da läuft, erhält hier und auch später im Reisetagebuch meistens keinen Namen. Wir lesen nur von einem Mädchen, das mit ihrer kleinen Schwester vorüberläuft. Das Mädchen (samt kleiner Schwester) ist gewissermaßen Trägerin oder Allegorie „dieses Laufens“. Was an ihm überhaupt wahrgenommen wird, sind nicht Details seines Körpers oder seiner Kleidung, sondern reine Geschwindigkeit, die sich sogar noch auf den Gipsabdruck „unten im Treppenhaus“ überträgt, der ein „Windspiel“, also einen Windhund darstellt. Wenn für Kafka dieser Gipsabdruck in seiner Erinnerung „mit zu diesem Laufen“ gehört, dann nicht deshalb, weil die Mädchen etwas ‚Hündisches‘ hätten, sondern weil der Signifikant des Namens „Windspiel“ eine ebenso schnelle wie ziellose Bewegung bezeichnet, an der das Laufen der Mädchen sein Vorbild findet.

Das stakkatohafte „Dann sahn wir sie wieder“, „dann beim Anblick“, dann hören wir „ihre Schritte und ihre Stimme“, dann steht sie oben auf einem Balkon, dann

[69] Ebd., S. 148.

kommt sie herunter ... akzentuiert die Struktur eines unablässigen Fort-Da, die die Erscheinung oder ‚Gegebenheitsweise' der Mädchen für den Rest von Kafkas Aufenthalt in Weimar moduliert. Das Fort-Da dieser Bewegung ist aufs Äußerste von jener Bewegung unterschieden, die Benjamin zufolge das Leben Goethes skandiert. Weil die Erfahrung der temporären Abwesenheit (im Schlaf) stets die Gefahr einer unwiderruflichen Abwesenheit (im Tode) aufruft, besteht zwischen Arbeits- und Schlafzimmer ein architektonisches Kontinuum, das die jederzeitige Anwesenheit des Abwesenden, die Kontrolle des entstehenden Werks über seinen Autor, sicherstellt: „Nur die Schwelle trennte, gleich einer Stufe, bei der Arbeit ihn von dem thronenden Bett."[70] Die visuellen und akustischen Bewegungen, die Kafka beobachtet und *ihr* attribuiert, sprengen dagegen jede Erwartbarkeit: Diese Bewegungen haben das ganze Haus, das Haus Goethes und seine Umgebung zum Schauplatz und führen ihnen Dynamiken und Intensitäten zu, die nicht geformt sind, Intensitäten, „die in der Regel monoton und stets a-signifikant"[71] sind.

„Kinder auf der Landstraße", die Erzählung, die Kafkas erste Sammlung kurzer Prosatexte eröffnet, ist ein Text über das hemmungslose Laufen und seine Verführungskraft: „[W]ir bekamen in die Beine einen Galopp wie niemals, bei den Sprüngen hob uns in den Hüften

[70] Benjamin, „Weimar", S. 355.
[71] Deleuze, Guattari, *Kafka*, S. 11.

der Wind. Nichts hätte uns aufhalten können."[72] Das Laufen ist allerdings nicht der plane Gegensatz zur Bewegungslosigkeit, es erfolgt nicht überstürzt und im Modus der Flucht, sondern verschafft den Laufenden eine ganz eigene Form der Souveränität, wie sie eigentlich dem Stehenden vorbehalten ist:[73] „[W]ir waren so im Laufe, daß wir selbst beim Überholen die Arme verschränken und ruhig uns umsehen konnten."[74] Zu Beginn „seufzt" das Kind noch, das müde zu Hause beim Nachtmahl sitzt und aus dessen Perspektive die Geschichte erzählt wird, als die übrigen Kinder es zum Laufen abholen, am Ende der Geschichte aber, als die Mütter schon die „Betten für die Nacht richteten"[75] und die Rückkehr nach Hause ansteht, setzt sich das Kind, das zu Beginn am liebsten sitzen geblieben wäre, von den Mitlaufenden ab, um nicht wieder zurückzukehren, sondern auf nimmer Wiedersehen zu der „Stadt im Süden" zu streben. Dieses Kind, so ließe sich sagen, bleibt als Einziges dem Ereignis des kollektiven (Weg-) Laufens treu. Von der Stadt im Süden, teilt das Kind mit, hieß es in unserem Dorfe: „„Dort sind Leute! Denkt

[72] Franz Kafka, „Kinder auf der Landstraße", in: *Ein Landarzt und andere Drucke zu Lebzeiten*, Frankfurt a.M.: Fischer 1994, S. 15.
[73] Vgl. dazu Elias Canetti, *Masse und Macht*, Frankfurt a.M.: Fischer 1980, S. 434: „Der Stolz des Stehenden ist, daß er frei ist und sich an nichts lehnt. […] Je ruhiger er steht, je weniger er sich wendet und in verschiedene Richtungen auslugt, um so sicherer wirkt er." In Kafkas Erzählung ist die ‚unaufhaltsame' Laufbewegung der Kinder paradoxerweise mit der Gestik des Stehenden verbunden. Canetti zählt das Laufen ausdrücklich nicht zu den „Stellungen des Menschen", die er daraufhin untersucht, „was sie an Macht enthalten". Das Laufen ist für ihn an die Masse und ihre Angewiesenheit auf eine „Richtung" gebunden: „Sie ist in Bewegung und bewegt sich auf etwas zu." (Ebd., S. 26.)
[74] Kafka, „Kinder auf der Landstraße", S. 15–16.
[75] Ebd., S. 16

Euch, die schlafen nicht!'", wobei den Kindern auf Nachfrage erklärt wird, dass diese Leute nicht müde werden, weil sie „Narren" sind.[76] Die Geschichte bricht an dieser Stelle ab, wir erfahren nicht, ob das Kind jemals die Stadt im Süden erreicht oder immer noch nach ihr unterwegs ist.

Ein weiteres Prosastück, das den Titel „Die Vorüberlaufenden" trägt, exponiert das Phänomen des Laufens auf eine Weise, die jede Zuschreibung von Gründen und Ursachen zweifelhaft erscheinen lässt und die willentlich herbeigeführte Begegnung mit dem Vorüberlaufenden als ein unkalkulierbares Risiko erscheinen lässt. Während es Kafka in Weimar auf immer neue Begegnungen mit Margarethe anlegt, ohne sie doch jemals ‚festhalten' zu können, erweist sich der Erzähler in den „Vorüberlaufenden" als ein narrativer Spekulant, der in der Unmöglichkeit, ein definitives Motiv für die Bewegung der Vorbeilaufenden zu ermitteln, ihre Gefährlichkeit ausmacht und damit zugleich den Grund für die Vorsicht, die die Begegnung mit ihnen zu vermeiden empfiehlt: „Denn es ist Nacht, und wir können nicht dafür, daß die Gasse im Vollmond vor uns aufsteigt, und überdies, vielleicht haben diese zwei die Hetze zu ihrer Unterhaltung veranstaltet, vielleicht verfolgen beide einen dritten, vielleicht wird der erste unschuldig verfolgt, vielleicht will der zweite morden, und wir würden Mitschuldige des Mordes, vielleicht wissen die zwei nichts von einander, und es läuft nur jeder auf eigene Verantwortung in sein Bett,

[76] Ebd.

vielleicht sind es Nachtwandler, vielleicht hat der erste Waffen."[77] Siebenmal ein „vielleicht": Vorüberlaufende gehören als Figuren in den Bereich der Anomalie, da ihr Verhalten für den Beobachter undurchdringbar und die Wahl zwischen unterschiedlichsten Erklärungen unentscheidbar ist. Das Wissen um die Anomalie wird von Verhaltensformen angezogen, „die durch keinerlei entzifferbaren und erkennbaren Grund motiviert"[78] erscheinen. Dabei muss die grundlose Tat keine spektakuläre Form annehmen. Es kann sich bei ihr auch, wie Foucault einmal bemerkt, um einen „weichen, unaggressiven Wahnsinn" handeln, „selbst wenn er kaum wahrnehmbar" ist.[79] Kafka befindet sich Margarethe gegenüber in der Position eines interessierten Beobachters (die ihm selbst seinen Beobachtungsplatz vor dem Goethehaus anweist), der nicht versteht, was bei dem Mädchen die kinetische Frenesie bewirkt, zumal es dieser Bewegungsdrang ist, der die für das erhoffte erotische Abenteuer nötige temporäre Stasis verhindert.

Die Geschwindigkeit des Mädchens – sie wird zunächst nicht namentlich eingeführt, wir erfahren erst später, dass es sich bei ihr um Margarethe Kirchner handelt, Grete aus dem Goethehaus, die dort mit ihren Eltern und Geschwistern in der Hausmeisterwohnung lebt – überträgt sich auf alles, was mit ihr in Berüh-

77 Franz Kafka, „Die Vorüberlaufenden", in: *Ein Landarzt und andere Drucke zu Lebzeiten*, Frankfurt a.M.: Fischer 1994, S. 25–26.

78 Michel Foucault, *Die Anormalen. Vorlesungen am Collège de France (1974–1975)*, Frankfurt a.M.: Suhrkamp 2003, S. 149.

79 Ebd., S. 158.

rung kommt oder ihr begegnet. Zuvörderst auf den eigenen Körper, selbst wenn er sich im stationären Zustand befindet: „Ihre Beweglichkeit des Körpers im losen Kleid."[80] Nachdem Kafka ihr „zwei Nelken durch das Balkongeländer gereicht" hat und endlich in den Garten gelangt ist, befindet sich das Mädchen schon wieder woanders: „Zu später Eintritt in den Garten. Max sieht sie oben auf einem Balkon. Sie kommt herunter, später erst, mit einem jungen Mann. Ich danke im Vorübergehn dafür, daß sie uns auf den Garten aufmerksam gemacht hat. Wir gehen aber noch nicht weg. Die Mutter kommt, es entsteht Verkehr im Garten. Sie steht bei einem Rosenstrauch. Ich gehe von Max gestoßen hin, erfahre von dem Ausflug nach Tiefurt. Ich werde auch hingehn. Sie geht mit ihren Eltern. Sie nennt ein Gasthaus, von dem aus man die Tür des Goethehauses beobachten kann. Gasthaus zum Schwan. Wir sitzen zwischen Epheugestellen. Sie tritt aus der Haustür. Ich laufe hin, stelle mich ihnen vor, bekomme die Erlaubnis mitzugehn und laufe wieder zurück."[81]

Alles zwischen Kafka und Grete spielt sich auf der Ebene von flüchtigen Impressionen und kurzen Begegnungen ab, die sich nicht festhalten lassen. Abseits der *cella* des Goethehauses, in der einst gearbeitet und geschlafen wurde, entsteht „Verkehr im Garten" und in der Stadt, wobei das Geschehen nur in Gang kommt, weil der Freund den ganz buchstäblichen, mechani-

[80] Kafka, *Reisetagebücher*, S. 86.
[81] Ebd., S. 84.

Abb. 6
Gasthaus zum Schwan, Weimar

schen Anstoß dazu gibt: „von Max gestoßen" geht oder stolpert Kafka zu Margarethe, die plötzlich nicht mehr unter ihresgleichen ist (mit der Schwester), sondern in Begleitung eines jungen Mannes und der Mutter. Der Wunsch, mit dem Mädchen (nach Tiefurt) ‚zu gehen', ist nicht ohne die Erlaubnis der Eltern erfüllbar. Kafka ist vom Bewegungsmodus des Mädchens affiziert, wenn er, um sich den Eltern vorzustellen, die paar Meter vom Gasthaus zum Schwan zum Eingang des Goethehauses hin und zurück *läuft*. Die Familie, die das Mädchen rahmt, bewirkt eine Blockierung des Wunsches: Kafka wird in ein Gespräch mit dem Vater verwickelt, in dem es um „Schlesien, Großherzog, Goethe, Nationalmuseum, Photographieren und Zeichnen und das nervöse Zeitalter"[82] geht.

Wie zuvor das Laufen der Mädchen lässt auch das Gespräch über den letzten Punkt, das „nervöse Zeitalter", Kafka nicht unberührt, wobei der Übertragungseffekt bezeichnenderweise mit einem Medium in Zusammenhang steht, das dann im Folgenden eine immer stärkere Bedeutung gewinnt: die *Fotografie*. Sie war bereits im Gespräch mit dem Vater Thema, der leidenschaftlich fotografiert und den kleinen Ausflug vom Frauenplan nach Tiefurt (vermutlich an der Ilm entlang) immer wieder unterbricht, um seine Familie im Bild festzuhalten. Noch bevor der Ausflug beginnen kann, muss ein Foto gemacht werden, vor dem Haus, in dem alle außer dem Vater zum Kaffee waren: „Halt vor dem Haus, wo sie [Margarethe und ihre Familie]

[82] Ebd., S. 85.

Kaffee trinken. Er läuft hinauf, um alle zum Erkerfenster zu rufen, weil er photographieren wird. Aus Nervosität mit einem kleinen Mädchen Ball gespielt."[83] Woraus resultiert Kafkas Nervosität? Sie hat mit der (Amateur-)Fotografie zu tun und den durch sie bewirkten Verzögerungen und Bewegungsarretierungen, die den Notwendigkeiten der symbolischen Reproduktion der Familie, ihrer „feierlichen Überhöhung", der „häuslichen Herstellung häuslicher Embleme"[84] geschuldet sind. Das Ballspiel mit dem kleinen Mädchen ist die Kompromissbildung zwischen dem Zwang des Wartens und dem Wunsch der Bewegung. „Zweimaliges Photographieren im Park. Eines auf einer Brücke, das nicht gelingen will", heißt es wenig später lakonisch, als die Gesellschaft in Tiefurt angekommen ist; dann am Tag nach dem Ausflug: „Beim Hausmeister die Photographien angesehn. Herumstehende Kinder. Photographiegespräche. Fortwährendes Aufpassen auf eine Gelegenheit mit ihr zu sprechen."[85]

Kafka wird beauftragt, die „Photographien" zu holen (vermutlich diejenigen, die am Vortag im Tiefurter Park entstanden waren): „Der Vater zeigt mir die Bilder, ich bringe Photographieständer".[86] Dann hat Kafka den „Einfall, die Photographien vergrößern zu lassen", und begibt sich zu diesem Zweck in eine Drogerie: „Wieder zurück ins Goethehaus wegen des Negativs.

[83] Ebd.

[84] Pierre Bourdieu, „Kult der Einheit und kultivierte Unterschiede", in: Pierre Bourdieu, Luc Boltanski u.a., *Eine illegitime Kunst. Die sozialen Gebrauchsweisen der Photographie*, Hamburg: EVA 2006, S. 40.

[85] Kafka, *Reisetagebücher*, S. 86.

[86] Ebd.

Abb. 7
„Wir zwei auf der Bank“:
Kafka, Margarethe Kirchner, Garten des Goethehauses

Sie sieht mich vom Fenster aus und öffnet.“[87] Zwei Tage später heißt es: „Goethehaus. Es soll im Garten photographiert werden. Sie ist nicht zu sehn, ich darf sie dann holen. Sie ist immer ganz zittrig von Bewegung, bewegt sich aber erst, wenn man zu ihr spricht. Es wird photographiert. Wir zwei auf der Bank. Max zeigt dem Mann, wie es zu machen ist. Sie gibt mir ein Rendezvous für den nächsten Tag. – Öttingen[88] schaut durchs Fenster und verbietet Max und mir, die wir gerade

[87] Ebd.
[88] Der damalige Direktor des Goethe-Nationalmuseums und des Goethe- und Schiller-Archivs.

allein beim Apparat stehn, das Photographieren. Wir photographieren doch nicht!“[89]

Wieder zwei Tage später ist Kafka erneut mit photographischen Diensten befasst: „Photographien geholt. Hingebracht. Nutzlos herumgestanden, nur 3 Photographien von den 6 abgegeben. Und gerade die schlechtern in der Hoffnung, daß der Hausmeister um sich zu rechtfertigen, von neuem photographieren wird. Keine Spur.“[90] Kafkas Hoffnung richtet sich nicht auf das, was die Fotografien zu sehen geben, sondern auf die fotografische Situation als Gelegenheit zu weiteren Rendezvous mit Margarethe.

4. Augenblicksbeobachtungen

Deleuze und Guattari beginnen ihre Studie zu Kafka mit einem Kapitel, in dessen Mittelpunkt die Opposition von Bild und Musik, genauer: von wuchernden Porträtfotos und musikalischem Klang steht. Das Porträtfoto in den Texten Kafkas steht im Dienste der Reterritorialisierungsmächte, denn es gibt etwas zu sehen in der Absicht, dass sein Betrachter es sofort und vorschnell wiedererkennt. Die Ausdrucksform Foto oder Porträt zielt auf Identifizierung (seiner selbst und der anderen) und Erinnerung: „Die Erinnerung blockiert den Wunsch, zieht ihn auf Rahmen, preßt ihn in Klischees, kappt ihm Verbindungen ab.“[91] Die Erinne-

[89] Kafka, *Reisetagebücher*, S. 87.
[90] Ebd., S. 90.
[91] Deleuze, Guattari, *Kafka*, S. 8.

rung ist eine „Sackgasse".[92] In der Fotografie ist viel zu viel Form und daher: viel zu viel Reterritorialisierung im Spiel. Übertroffen wird sie in dieser Hinsicht allein noch durch die Büsten und gemalten Porträts, die Kafka in der Großherzoglichen Bibliothek betrachtet. Diese Bildmedien rücken die Porträtierten in die Ordnung repräsentativer, ‚erstarrter' Macht ein, die vor allem anderen an problemloser Rekognition und Typenbildung interessiert ist: „Der immer zu erkennende Großherzog. Massives Kinn und starke Lippen. Hand im zugeknöpften Rock. Goethebüste von David, mit nach hinten gesträubtem Haar und großem gespannten Gesicht. [...] Büsten von Passow (hübscher kraushaariger Junge), Zach, Werner, schmales, prüfendes, vordringendes Gesicht. Gluck. ‚Abgegossen vom Leben'. Die Löcher im Mund von den Röhren, durch die er geatmet hat."[93] Das *Leben*, von dem hier ‚abgegossen' wurde, ist vom Tod und damit der endgültigen Bewegungslosigkeit nur dadurch unterschieden, dass die Vitalfunktionen für den Zeitraum des Abdrucks künstlich aufrecht erhalten werden. Ebenso wenig wie diese klassischen nicht-bewegten Bildmedien ist die Fotografie, jedenfalls nicht ohne Weiteres, in der Lage, die ‚zittrige' Bewegung zu erzeugen, deren Medium der Körper des Mädchens ist, dessen Nähe Kafka hartnäckig sucht.

Vom Kino und seinen Bewegtbildern dagegen hat Siegfried Kracauer geschrieben, dass es „vom Wunsch

[92] Ebd.
[93] Kafka, *Reisetagebücher*, S. 87.

beseelt" sei, „vorübergleitendes materielles Leben festzuhalten, Leben in seiner vergänglichsten Form. Straßenmengen, unbeabsichtigte Gebärden und andere flüchtige Eindrücke sind seine Hauptnahrung".[94] Hanns Zischler hat Brod und Kafka danach unterschieden, wie sie mit den im Kino empfangenen Eindrücken umgehen, wie sie sie literarisch weiterverarbeiten – und es ist diese Unterscheidung, die auch die Weimartagebücher, die beide geschrieben haben, so unvergleichbar macht: „Brod phantasiert das im Kino Gesehene weiter, er verwandelt sich vom begeisterten Zuschauer in einen ausschweifenden (Drehbuch-)Autor, er begreift Kino als eine Erweiterung der bloß kolportierenden Literatur. Für Kafka hingegen ist es fast dämonische Technik, die an das erworbene Sehen, die Seh- und Schreibkraft des Autors sehr hohe, qualvolle Anforderungen stellt."[95] Das Kino „opponiert gegen die *Ruhe des Blicks*",[96] wie sie Kafka bei einem Besuch des Kaiserpanoramas in Friedland bewunderte; es erzeugt „weniger eine lebendige als eine mechanische Wirklichkeit, eine automatisierte Unruhe".[97] Während das Foto, das man in der Hand hält und in das man sich versenkt, eine fetischisierende Wirkung auf den Betrachter ausübt,[98] ist der Betrachter des Kinobildes

[94] Siegfried Kracauer, *Theorie des Films. Die Errettung der äußeren Wirklichkeit*, Frankfurt a.M.: Suhrkamp 1985, S. 11.

[95] Hanns Zischler, *Kafka geht ins Kino*, Reinbek bei Hamburg: Rowohlt 1996, S. 22.

[96] Ebd., S. 41.

[97] Ebd., S. 45.

[98] Vgl. Christian Metz, „Foto, Fetisch", in: Herta Wolf (Hg.), *Diskurse der Fotografie. Fotokritik am Ende des fotografischen Zeitalters*, Bd. 2, Frankfurt a.M.: Suhrkamp 2003, S. 215–225.

nicht länger Herr über seinen Blick: Timing und Rhythmus des Films sind vom Filmemacher und der Projektion bestimmt, liegen nicht in der Hand des Betrachters.

Zischler hat zu Recht darauf hingewiesen, dass Kafkas Reisetagebücher eine Aneinanderreihung von „Augenblicksbeobachtungen“[99] sind, so Kafkas Begriff, und dass die Kategorie der Augenblicksbeobachtung einen Bezug zur Kinematografie hat, wenn sie auch anlässlich der Lektüre eines Briefes geprägt wurde, den Goethe an Schiller schrieb.[100] Das Kinematografische der Augenblicksbeobachtungen, die Kafka an den Landschaftsbeschreibungen Goethes vermisste, ist so wenig an die Institution des Kinos und die Medientechnik des Bewegtbilds gebunden, wie das Fotografische (im Sinne von Rosalind Krauss) an die Fotografie.[101] Am 1. Juli gehen Kafka und Brod in den Ilmpark und besuchen Goethes Gartenhaus: „Im Gras davor gezeichnet. Den Vers auf dem Ruhesitz auswendig gelernt. Kofferbett. Schlaf. Papagei im Hof, der

[99] Kafka, *Tagebücher 1909–1912*, S. 42.

[100] Johann Wolfgang Goethe, Brief an Schiller v. 25. September 1797, in: *Der Briefwechsel zwischen Schiller und Goethe*, Frankfurt a.M.: Insel 1977, S. 473–476. Für die Augenblicksbeobachtung ist charakteristisch, dass sie unmöglich als „eigene Originalidee“ ‚gefühlt‘ werden kann, sie ist vielmehr völlig durch das beobachtete Objekt(geschehen) ‚erregt‘. Kafkas Beispiel „Kastagnettenrythmus der Kinder in Holzschuhen“ verweist einmal mehr auf ein spezifisches Bewegungsphänomen, das hier an die Form des Tanzes gebunden ist. Kafka, *Tagebücher 1909–1912*, S. 42.

[101] Statt von einer „Ontologie der Photographie“ auszugehen, betreibt Krauss ihre radikale Historisierung, die die Migration des Fotografieeffekts in andere Medien, die ‚der Fotografie‘ vorausgehen oder ihr nachfolgen oder ihr benachbart sind, zu beschreiben erlaubt. Vgl. Rosalind Krauss, *Das Photographische. Eine Theorie der Abstände*, München: Fink 1998, S. 22.

Grete ruft. Nutzlos in die Erfurter Allee gegangen, wo sie [Margarethe] nähn lernt.“[102]

Sowohl Brods als auch Kafkas Zeichnungen des Gartenhauses sind überliefert. Sie könnten, obwohl sie doch dasselbe Objekt darstellen, nicht unterschiedlicher ausfallen. Während, filmsprachlich formuliert, Brod das Gartenhaus aus der Distanz und in der Totalen präsentiert, von dicht stehenden, hohen Bäumen eng umschlossen, zeichnet es Kafka wie aus seiner Umgebung herausgelöst, als ein an den Betrachter bedrohlich herangerücktes *close up*. Auch führt den Spaziergänger, anders als bei Brod, kein Weg zum Haus. An die Stelle der Bäume, die das Gartenhaus in der Zeichnung Brods schützend umschließen, wirken die Striche, die sich auf Kafkas Zeichnung rechts an das viel weniger klar konturierte Gebäude ‚lehnen‘, wie hoch lodernde Flammen, die das Gartenhaus bereits ergriffen haben. Diese Bleistiftschraffierungen „bezeugen das Eindringen einer anderen Welt in die visuelle Welt der Figuration“.[103] Sie erzeugen eine Zone im Bild bzw. am Bildrand, die das Gezeichnete teilweise „der optischen Organisation“ entzieht, „durch die es bereits beherrscht und im voraus figurativ“,[104] also als Goethes Gartenhaus identifizierbar wird.

[102] Kafka, *Reisetagebücher*, S. 86.
[103] Gilles Deleuze, *Francis Bacon – Logik der Sensation*, München: Fink 1995, S. 63.
[104] Ebd.

Abb. 8
Franz Kafka, Goethes Gartenhaus

5. „Margarete vorübergehend"

„Papagei im Hof, der Grete ruft",[105] diese Eintragung anlässlich des Gartenhausbesuchs im Ilmpark lässt sich als ironisches Echo auf Kafkas Bemühungen um Margarethe Kirchner lesen, die weit davon entfernt sind, ‚erfolgreich' zu verlaufen. Kafka ergeht es wie dem Papagei, der – mechanisch – Grete ruft, ohne dass sein Ruf erhört würde. Zwar notiert er am 1. Juli „Vielfaches Treffen der Grete",[106] aber die Begegnungen führen nicht zu der erhofften Annäherung. Dabei kommen seine Weimarer Tagebucheintragungen nicht nur

[105] Kafka, *Reisetagebücher*, S. 86.
[106] Ebd.

Abb. 9
Max Brod, Goethes Gartenhaus

immer wieder auf das Goethehaus zurück, vor dem er Posten bezieht, um Grete abzupassen; sie unterstehen der *Litteratur* Goethes auch ganz buchstäblich. Kafkas Weimarer Lage lässt sich kaum kürzer und prägnanter zusammenfassen als mit einer Regieanweisung ausgerechnet aus dem *Faust. Der Tragödie erster Teil*: „Straße *Faust – Margarete vorübergehend*".[107] Kafka kommt in Weimar kaum über die Straßenszene des *Faust* hinaus. Die Straße ist vorzugsweise die Seifengasse. An ihrem Ausgang steht er, seinen Blick auf den Eingang des Goethehauses gerichtet, geduldig auf Margarethe wartend: „Mein Herumstehn in der Seifengasse",[108] notiert er am 30. Juni.

Die Stelle in Goethes Tragödie, in der Faust das erste Mal auf „das schöne Fräulein" trifft, sie anspricht, ihr

[107] Johann Wolfgang Goethe, *Faust. Der Tragödie erster Teil*, in: *Sämtliche Werke*, Bd. 5, München: dtv 1977, S. 223.
[108] Kafka, *Reisetagebücher*, S. 85.

den Arm anträgt und abblitzt, endet mit der Regieanweisung: „*Sie macht sich los und ab.*“[109] Diese Bewegung wird sich in den Tagebucheintragungen unzählige Male wiederholen. Immer wieder treffen Kafka und Grete aufeinander, fast immer ist das Mädchen in Begleitung der jüngeren Schwester oder eines jungen Mannes, eine „rechte Beziehung“,[110] wie es heißt, will nicht zustandekommen. Um es mit de Certeau zu sagen: „Die Kunst, Sätze zu drehen und zu wenden, hat als Äquivalent eine Kunst des ‚Rundendrehens‘“,[111] wie folgende Eintragung zeigt, die lauter Bewegungsakte und Bewegungsverben – Rennen, Verfolgen, Zusammentreffen, Begegnen, Sich-Drehen, Weiterlaufen, erneutes Umdrehen – versammelt: „Dann wieder Zusammentreffen auf dem für ein Duell vorbereiteten Rundplatz. Sie [Margarethe und ihre Schwester] sprechen mit einem jungen Mann mehr feindlich, als freundlich. Warum sind sie aber nicht schon zuhause geblieben, da wir sie doch bis auf den Goetheplatz begleitet hatten. Sie hatten doch eiligst nachhause müssen. Warum rannten sie aber jetzt, offenbar ohne überhaupt zuhause gewesen zu sein, von dem jungen Mann verfolgt oder um ihm zu begegnen aus der Schillerstraße heraus, die kleine Treppe hinab, auf den abseits gelegenen Platz? Warum drehten sie sich dort, nachdem sie auf 10 Schritte Entfernung mit dem jungen Mann paar Worte gesprochen und scheinbar seine Begleitung abgelehnt hatten, wieder um und liefen

[109] Ebd.
[110] Ebd.
[111] De Certeau, *Kunst des Handelns*, S. 195.

allein zurück? Hatten wir sie gestört, die wir nur mit einfachem Gruß vorüber gegangen waren? Später gingen wir langsam zurück; als wir auf den Goetheplatz kamen, liefen sie uns schon wieder aus einer andern Gasse offenbar sehr erschreckt fast in die Hände. Wir drehten uns aus Schonung um. Aber sie hatten also schon wieder einen Umweg gemacht.“[112]

Zwar erfahren wir nicht, ob Margarethe Kirchner so „schnippisch“[113] war wie ihre berühmte Vorgängerin aus Goethes Tragödie, aber den stärksten Eindruck empfangen Faust und Kafka von der Art und Weise, wie sie sich zu entziehen vermag: „Wie sie kurz angebunden war,/Das ist nun zum Entzücken gar!“[114] Kafka, der Goetheleser, dürfte die Straßenszene und den anschließenden Dialog Fausts mit Mephisto vor allem deshalb geschätzt haben, weil hier für einmal nicht der Teufel, sondern Faust als Verführer auftritt – und das mit einer Konsequenz und Gnadenlosigkeit, die Mephisto, der Faust an die Minderjährigkeit Gretchens und das Gesetz erinnert, den Atem verschlägt. Faust verbittet sich energisch moralische Vorhaltungen ausgerechnet vonseiten des Teufels und stellt dem „Herrn Magister Lobesan“ mit großer Entschiedenheit die Trennung für den Fall in Aussicht, dass dieser ihm das „süße junge Blut“ nicht alsbald verschafft: „Laß Er mich mit dem Gesetz in Frieden.“[115] Mephisto spielt verzweifelt auf Zeit, die ihm Faust nicht zu geben bereit ist:

[112] Ebd., S. 85–86.
[113] Goethe, *Faust. Der Tragödie erster Teil*, S. 223.
[114] Ebd.
[115] Ebd., S. 224.

„[W]enigstens vierzehn Tag" glaubt der Teufel zu benötigen, um bei der frommen Margarete etwas auszurichten, worauf Faust Mephisto wegen der Langsamkeit seiner Verführungskünste als nicht konkurrenzfähig abtut:

> Hätt ich nur sieben Stunden Ruh,
> Brauchte den Teufel nicht dazu,
> So ein Geschöpfchen zu verführen.[116]

Faust als der gnadenlose Verführer, der sogar dem Teufel für einen Moment das Fürchten lehrt: Ohne die Hilfe eines Mephisto – Brod ist immerhin listig genug, den Vater für einen Moment im Garten des Goethehauses abzulenken –, scheinen Kafkas Avancen dem anderen Gretchen gegenüber zum Scheitern verurteilt zu sein.

6. Discurrere

Kafka-Biografen haben davon gesprochen, dass in dieser erfolglosen Bemühung um ein Schulmädchen ein „Vorspiel, ein Vorexamen, gleichsam die Skizze dessen" zu erkennen sei, „was er in den kommenden Jahren durchleben würde"[117] – gemeint ist natürlich die Beziehung mit Felice, die sich von vornherein nahezu vollständig auf der Basis einer postalischen Kommunikation entfaltet und nur von gelegentlichen physischen Begegnungen unterbrochen wird. Und in der Tat: Was

[116] Ebd., S. 224.
[117] Reiner Stach, *Kafka. Die Jahre der Entscheidungen*, Frankfurt a.M.: Fischer 2004, S. 82.

die kurze Episode in Weimar mit der quälend langen Liebesgeschichte verbindet, die sich wenig später zwischen Kafka und Felice entwickelt, ist eine gewisse Eigenschaft dessen, was man *Diskurs* nennt. Diskurs meint ja zunächst einmal nicht die vernünftige Rede zwischen sprach- und handlungsfähigen Subjekten, sondern ganz buchstäblich den „Hin- und Herlauf, Verlauf, Verkehr“,[118] der sich, wie in Weimar, als ein unablässiges physisches Laufen entfalten kann, von gelegentlichen im Tagebuch dokumentierten Gesprächsfetzen begleitet, oder, wie im Falle des Briefwechsels zwischen Felice und Kafka, die Form eines halbwegs geordneten, aber „überwiegend monologischen Daherredens“[119] in der Schrift annimmt, dessen wesentliche Funktion darin besteht, der Korrespondentin immer neue Briefe und damit: eine möglichst lückenlose Dokumentation ihres Lebens abzuverlangen. Das Hin- und Herlaufen des Diskurses steigert sich im Briefwechsel mit Felice zu dem, was Kafka ganz unverblümt „den Irrsinn der vielen Briefe“[120] nennt. Wenn dieser mediale Strom abreißt, etwa durch die „unglückseligen Sonntage“, an denen keine Post zugestellt wird, oder durch Felicens Nachlässigkeit, geht Kafka, wie seinerzeit in Weimar, nun „im Bureau ganz wirr herum“ und stößt die Dinge seiner Arbeit, die ihm zur Hand sind, von sich: „[H]undertmal stieß ich ein Buch weg, in

[118] Walter Seitter, „Zur Gegenwart anderer Wissen“, in: Michel Foucault und Walter Seitter (Hg.): *Das Spektrum der Genealogie*, Bodenheim: Philo o.J., S. 105.
[119] Ebd.
[120] Franz Kafka, *Briefe an Felice und andere Korrespondenz aus der Verlobungszeit*, Frankfurt a.M.: Fischer 1993, S. 105.

dem ich etwas lesen sollte (Entscheidungen des Verwaltungsgerichtshofes, daß Du es weißt), hundertmal zog ich es nutzlos wieder näher":[121] Fort-Da.

Der briefliche Verkehr supplementiert sich zudem um weitere mediale Ebenen. Als Felice Kafka von ihren verschiedenen Zeitschriftenabonnements berichtet, schlägt er ihr vor, „einen ergänzenden Verkehr zwischen uns ein[zu]richten", da er „gar nicht genug Dinge in die Hand bekommen" könne, „die Du in der Hand gehalten hast".[122] Beide, so Kafkas Vorschlag, fertigen Zeitungsausschnitte an und legen sie ihren Briefen bei, wobei nur solche Nachrichten ausgewählt werden sollen, die „nicht für alle Leser bestimmt sind", Kuriositäten, deren Bedeutung sich nur für die beiden erschließt, nicht für unbeteiligte Leser. Die textuelle Briefkommunikation wünscht sich Kafka zudem um Fotografien und weiteres Bildmaterial ergänzt, die alle Aspekte der beruflichen Existenz der Geliebten dokumentieren: „Und Gruppenaufnahmen aus dem Bureau gibt es nicht? Ansichten der Bureaulokalitäten? Der Fabrik? Die Adresse der Prager Filiale? Worin besteht Deine Arbeit? Jede Kleinigkeit aus dem Bureau interessiert mich (zum Unterschied von meinem Bureau). Was für hübsche Redensarten es bei Euch gibt. Du bist in der Registratur? Was ist das eigentlich? Wie kannst Du zwei Mädchen gleichzeitig diktieren? Wenn Du mir irgendetwas Hübsches aus Deinem Bureau

121 Ebd., S. 104.
122 Ebd., S. 121.

schickst, schicke ich Dir Jahresberichte meiner Anstalt mit ungeheuer interessanten Aufsätzen von mir.“[123]

Was die Weimarer Episode vor dem Hintergrund der späteren Briefexzesse so auffällig macht, ist das ihr eigene „Pathos des Minimalismus“.[124] Die Episode entwickelt sich, wie schon ihr Hypotext, die Straßen- und Gartenszenen mit Faust und Gretchen, als eine Kette von Fort-Da-Situationen: Margarethe erscheint und ist im nächsten Augenblick schon wieder verschwunden. Sie taucht auf, wo der Weimarer Eckensteher sie nicht erwartet, und bleibt fort, wo sie sich mit Kafka verabredet hat. Die Eintragungen Kafkas wimmeln von Protokollsätzen, die von Bewegungsverben (gehen, laufen, rennen) samt temporalen Bestimmungen (schnell/langsam) getragen werden. „Diskurs als Da und Fort, als Hin und Her und Weg des *Sprechens*“,[125] schreibt Walter Seitter im Hinblick auf den Physikalismus des Foucaultschen Diskursbegriffs; die Weimarer Episode berichtet wenig von diesem Sprechen, in ihr manifestiert sich das Fort und Da im Bewegungsprofil des vom Autor begehrten Mädchens, das auf Seiten Kafkas eine entsprechende Disposition zur Dauerbeobachtung erzeugt: „Fortwährendes Aufpassen auf eine Gelegenheit mit ihr zu sprechen.“[126]

Foucault hat die Materialität des Diskurses zweifach, nämlich als physische und juridische bestimmt. Der Diskurs ist zum einen der „sichtbare Körper“ einer

[123] Ebd., S. 123.
[124] Seitter, „Zur Gegenwart anderer Wissen“, S. 106.
[125] Ebd.
[126] Kafka, *Reisetagebücher*, S. 86.

Rede, der sich in Stimme, Schrift oder anderen medialen Konfigurationen zeigt; zum anderen aber „verschränkt" sich diese Erscheinungsweise der Rede „eng mit dem Juridischen".[127] Foucault spricht davon, dass Aussagen den Status von Objekten und Subjekten gleichermaßen ‚setzen'. Die Briefe an Felice haben vor allem die Funktion, die Geliebte als Adressatin und Schreiberin von Briefen zu ‚setzen' bzw. einzurichten. Die gesamte Briefkommunikation kreist um Kafkas beständige Ermahnung, diese Kommunikation nicht zu unterbrechen oder auszusetzen, sie im Gegenteil um jeden Preis zu intensivieren und sie damit in den Modus der kontinuierlichen Geschäftspost zu überführen. Immer wieder lesen wir daher Sätze wie: „Liebste, das solltest Du nicht! Versprechen, daß ein zweiter Brief kommt und es nicht halten. Ich weiß, Du hast keine Zeit und ich verlange ja auch den zweiten Brief nicht, aber sieh doch, wenn Du es so ausdrücklich versprichst wie in Deinem heutigen Morgenbrief und der Brief kommt nicht, so muß ich ja Sorge haben. Ist es anders möglich?"[128] Das Warten auf die tägliche Sendung entspricht in der Weimarer Episode dem endlosen „Herumstehn in der Seifengasse" gegenüber dem Goethehaus. Kommt sie oder kommt sie nicht?

Vieles spricht dafür, dass Kafka Goethe als „den ‚Meister' des faustischen Teufelspaktes, der das Schicksal Gretchens erfaßt und mißtreißt",[129] bewunderte. In Weimar sind es nur Fotografien, die entstehen und die

[127] Seitter, „Zur Gegenwart anderer Wissen", S. 107.
[128] Kafka, *Briefe an Felice*, S. 177.
[129] Deleuze, Guattari, *Kafka*, S. 41.

Kafka mitnimmt; aber die Postkarte, die er, nachdem er Weimar bereits wieder verlassen hat, von Margarethe empfängt, beweist ihm, dass trotz aller physischen Beziehungslosigkeit eine Verbindung zustande gekommen sein könnte oder vielleicht in der Zukunft zustande kommt. Die Fotos und Postkarten aus Weimar wird er später Felice zeigen, um „einen neuen Stromkreis zu installieren, in dem es diesmal besser funktionieren sollte ..."[130] In Weimar jedenfalls verharrt Kafka an der Schwelle zur erotischen Eroberung, Margarethe taucht in seinen Eintragungen buchstäblich immer nur, mit Goethe zu sprechen, „vorübergehend" auf. Diese Momente des Vorübergehens, des kurzen, ‚bedeutungslosen' oder, wie Kafka auch schreibt, „unverständlichen"[131] Zusammentreffens und Sich-wieder-Losmachens hält keine Kamera fest, sondern eine Schrift, die die „Unruhe", wie Kafka sie am Kino liebte, nachahmt und eine Kette von syntaktisch nur lose verknüpften Augenblicksbeobachtungen produziert.

Die Lektion, die Kafka in Weimar gelernt hat, besteht darin, den physischen Anblick und die Ankunft der Geliebten durch den medialen Strom der Briefe zu ersetzen. Kafka zwingt der Nachfolgerin Margarethes „mit aller Kraft einen Pakt" auf, „daß sie ihm zweimal täglich schreibe."[132] Und genau darin liegt der „Teufelspakt",[133] der an die Stelle des immer wieder hinausgeschobenen Heiratsvertrags tritt. Bekanntlich sind es nur jene be-

[130] Ebd.
[131] Kafka, *Reisetagebücher*, S. 85.
[132] Deleuze, Guattari, *Kafka*, S. 44.
[133] Ebd.

scheidenen „fünf Zeilen", die Kafka bereits zu Anfang ihres Briefwechsels Felice abverlangt, immer wieder nur fünf Zeilen, nicht jene „Masse beschriebenen Papiers", die er produziert und die der Adressatin, wie er weiß, „schlechte Laune" bereiten muss.[134] Aber das Opfer der fünf Zeilen ist doch auf jeden Fall zu erbringen, selbst wenn ihre Einforderung an Felicens Kopfschmerzen „mitschuld" ist: „So schön ich es mir in Ihrem Bureau denke – sind Sie alleine in einem Zimmer? – ich will nicht mehr das Gefühl haben, Sie dort bis spät in den Abend festgehalten zu haben. Fünf Zeilen, ja das könnten Sie mir schon hie und da abends schreiben, wobei ich trotz aller Gegenwehr die rohe Bemerkung nicht unterdrücken kann, daß man 5 Zeilen öfters schreiben kann als lange Briefe. Der Anblick Ihrer Briefe in der Türe – sie kommen jetzt gegen Mittag – könnte mich alle Rücksicht gegen Sie vergessen lassen."[135]

Nicht die Länge der Briefe, sondern ihre Frequenz ist der eigentliche Gegenstand des Paktes, den Kafka mit Felice schließen will: Je kürzer die Briefe ausfallen, je öfter können sie gewechselt werden, je unablässiger, je kontinuierlicher ist der Briefstrom, je öfter treten sie als Allegorie durch Kafkas Bürotür, der hinter seinem Schreibtisch sitzend auf sie mit derselben Ungeduld wartet wie zuvor in der Seifengasse auf Margarethe. Häufigkeit, Schnelligkeit und Unablässigkeit der postalischen Kommunikation sind der entscheidende

[134] Kafka, *Briefe an Felice*, S. 61.
[135] Ebd., S. 62.

Einsatz des Paktes. Es scheint mir daher auch kein Zufall zu sein, *welches* Detail des ersten Zusammentreffens mit Felice in Prag – ein Abend bei Brods – er in besonderer Erinnerung behält: „Über die Schnelligkeit, mit der Sie zum Schluß aus dem Zimmer huschten und in Stiefeln wiederkamen, konnte ich mich gar nicht fassen. Der Vergleich mit einer Gazelle, den Frau Brod zweimal machte, gefiel mir aber nicht.“[136] Unmittelbar vorher erinnert sich Kafka an etwas anderes, „über das ich so staunte, daß ich auf den Tisch schlug. Sie sagten nämlich, Abschreiben von Manuskripten mache Ihnen Vergnügen. Sie schrieben auch in Berlin Manuskripte ab für irgendeinen Herrn (verdammter Klang dieses Wortes, wenn kein Name und keine Erklärung dabei ist!) und Sie baten Max, Ihnen Manuskripte zu schicken“.[137] Die Schnelligkeit, die Felice ihrem Körper verleihen kann, und ihre Leidenschaft fürs Abschreiben bringt Kafka im Pakt zusammen: Von nun an wird Felice gnadenlos daran gemessen, ob es ihr gelingt, beides in den Dienst des Briefschreibens und des Briefschreibers zu stellen.

[136] Ebd., S. 59. In der Tagebucheintragung vom 11. März 1912 schreibt Kafka einen Brief von David Veit ab, in dem dieser von einem kurzen Gespräch mit Goethe am Rande einer Theateraufführung in Weimar berichtet. Nachdem Goethe, der „mitten im Spiel“ überraschenderweise seinen Platz verlassen und sich unbemerkt direkt hinter Veit gesetzt hatte, diesen in der Pause komplimentiert und in eine „kurze Rede und Gegenrede über das Stück“ verwickelt hat, macht er ihm ein zweites Mal ein „äußerst verbindliches Kompliment“, um dann ohne Verabschiedung zu verschwinden: „[U]nd fort ist er! Hab ich ihn beleidigt oder nicht? ... Sie können gar nicht glauben, wie ich noch immer geängstigt bin, ohnerachtet ich schon von Humboldt, der ihn ja genau kennt, die Versicherung habe, daß er oft so schnell weggeht“. (Kafka, *Tagebücher 1912–1914*, S. 55.)

[137] Kafka, *Briefe an Felice*, S. 58.

angebliche Frau Salus — Geistlicher — Amerikaner — die 2 kleinen Französinnen mit viel Fleisch um den Popo, Montreux

Die Beine gehn einem auseinander auf den großen Pariser Straßen — Fußbad von der Kante des Bettpfostens aus — Nachtlämpchen der Sommerlokale — Kerne von gewöhnlichen und von Polstersesseln in den Champs Elisées — die Anlage des Place de la Concorde der die Attraktionen in die Ferne schiebt, wo sie der Blick leicht findet aber nur wenn er sie sucht

école Florentine (XV Jahrhundert)
Apfelszene

Tintoretto — Suzanne

Simone Martini 1285
(Ecole de Sienne) Jesus Christ marchant au Calvaire

Mantegna La sagesse victorieuse des Vices 1431 – 1506
école Venetienne

Titian Le concile de Trente
1477 – 1576

Rafael: Apollo und Marsyas

Velasquez 1599 – 1660
Portrait de Philippe IV roi d'Espagne

Jakob Jordaens 1593 – 1678
Le concert apres le repas

Rubens Kermesse

Confiserie de l'enfant gaté
rue de petits champs

Wäscherinnen im Morgennegligée

162

Abb. 1

GLEICH NEBENAN

Rembert Hüser

Welche Bilder kommen Kafka auf seinen Reisen in die Quere? Was speichert er ab? Wovon nimmt er Notiz? Schauen wir uns einmal einige Einträge in seinem Sommerreisetagebuch an. Und zwar als Bild: Abb. 1.

Kafka baut sich hier in Paris im Jahr 1911 ein kleines respektables Museum zusammen. Es ist eine Große-Meister-Sammlung. Der Akzent liegt auf allegorischen Darstellungen und Porträts. Die Auswahl ist repräsentativ, ein Bild pro Bereich, und im Großen und Ganzen chronologisch organisiert. Wir sehen übliche Verdächtige von der florentinischen Schule bis zum flämischen Barock. Woher Kafka die Bilder hat, lässt sich nicht mit Bestimmtheit sagen. Er hat sie vor Ort in Paris gesehen, soviel ist gewiss, aber ob im Louvre oder vorab in einem bebilderten Führer, drinnen beim „Fußbad von der Kante des Bettpfostens aus“[1] oder draußen „bei einer Frau mit einem kleinen Bücherhandwagen am Abend auf dem Boulevard Poissoniere [sic!]“[2] lässt sich nicht entscheiden. Kafka ist gerade erst in Paris eingetroffen, die Angaben im Tagebuch sind mehrdeutig. Für den Kommentar sind die Fehler, also das, was nicht Kafka ist, schlagend: „[D]ie Übernahme unrichtiger, auf alten Bilderrahmen konservierter Daten las-

[1] Max Brod, Franz Kafka, *Eine Freundschaft. Reiseaufzeichnungen*, Frankfurt a.M.: Fischer 1987, S. 162.
[2] Ebd., S. 175.

sen auf eine an Ort und Stelle entstandene Niederschrift schließen. […] Apollo und Marsyas: dieses Bild Peruginos wurde früher Raffael zugeschrieben."[3] Es stimmt, vielleicht muss man Kafka enttäuschen, und es sind gar nicht alles die großen Meister. Tizian war beim Konzil von Trient, aber ob das Bild im Louvre tatsächlich von ihm stammt, wurde schon 1906 bezweifelt.[4] Auch Ort und Stelle sind alles andere als sicher. Tintoretto hat mehrere *Suzanne*-Bilder gemalt. Der Titel, der im Notizblock steht, ist nicht im Louvre ausgestellt. Im Louvre hängen *Suzanne au Bain* und *Suzanne et les Vieillards*. Der Titel könnte abgekürzt sein. Die anderen Einträge sind eher detailliert. „Apfelszenen" (ohne weitere Angabe) aus der florentinischen Schule gibt es einige. Die, auf denen Äpfel wirklich eine Szene machen, hängen anderswo. Die Ausgabe sagt „wahrscheinlich das große (heute in der Grande Galerie ausgestellte) Altarbild von Fra Filippo Lippi"[5] und rekonstruiert so Lebens- und Laufwege: „Die notierten Titel zeigen die Besichtigung des Saals der ‚Primitiven', also der um Giotto beginnenden italienischen Frührenaissance, des Salon Carré (Meisterwerke italienischer Schulen der Hochrenaissance) und der verschiedenen europäischen Schulen gewidmeten Grande Galerie."[6] Aber wie gesagt: Kafka könnte auch ganz anders gelaufen sein. Statt eines Museums könnte

[3] Ebd., S. 285.
[4] Oskar Fischel, *Tizian: des Meisters Gemälde in 260 Abbildungen*, Stuttgart: Deutsche Verlags-Anstalt 1906, S. 235.
[5] Brod, Kafka, *Eine Freundschaft. Reiseaufzeichnungen*, S. 285.
[6] Ebd.

er genauso gut auch ein Buch durchgegangen sein, um sich erstmal mit der Materie vertraut zu machen. Nur um welche Materie soll es sich hier überhaupt handeln? Nimmt man die Bilder im Notizblock als Lektüreerfahrung, ein erstes Interesse an vielzitierten Titeln, weiß Kafka so gesehen zuvor immer schon, was er sehen wird. Worauf er sich konzentrieren will. Sehen, Lesen, Abkürzen und Gehen, Aufsuchen, Stehenbleiben haben keine bestimmte Reihenfolge.

Später in seinem Block nutzt er noch schnell, so wie Große-Schriftsteller-Leser es erwartet hatten, einige Bilder zum Training in Ekphrasis: Zwei Freunde ruhen sich aus, eine Stadt wird belagert, ein Gewitter zieht auf. Ludwig der XVI. wird an Land getragen, ein Mann schaut durch ein Teleskop. Napoleon sitzt allein, die Generäle schauen zu. Immobilität inmitten von Beobachtung scheint es ihm angetan zu haben.

Kafka ist leidenschaftlicher Tourist. Er ist also interessiert an „Ritualen, die auf Ausdifferenzierung antworten".[7] Einer Logik, in der es kein gesondertes Sehen gibt. Kino hat dort keinen anderen Stellenwert als Malerei.[8] Mit Max Brod heckt er auf derselben Reise noch in Lugano den „Millionenplan Billig" aus, der der Praxisferne der Reiseführer Abhilfe schaffen soll. „Billig in Paris [...]. Motto: Nur Mut."[9] Die Reiseführerserie, die die beiden zu Millionären machen

[7] Dean MacCannell, *The Tourist. A New Theory of the Leisure Class*, New York: Schocken Books 1976, S. 13 (Übersetzung vom Autor).

[8] Die Vorstellung, dass Kafka eines Tages Filme sieht und plötzlich anders schreibt, macht nicht viel Sinn.

[9] Max Brod, Franz Kafka, „Unser Millionenplan ‚Billig'", in: dies., *Eine Freundschaft. Reiseaufzeichnungen*, S. 189.

soll, hat als erklärtes Ziel, keine Wahl zu lassen. „Bildergallerie, am billigen Tag. Nur wenige wichtige Bilder. Diese aber gründlich (Kunstwart-Art) volkserzieherisch. [...] Warnung vor Ansichtskarten, Beschränkung auf die 12 beigelegten. (?)“[10] Nur wenige Gemälde oder Ansichtskarten, da ist kein Unterschied, aber gründlich, volkserzieherisch. (Bei den Karten nach Hause müssen sie aber erst noch überlegen.) Das Programm ist balanciert und verrät einen Kulturbegriff, der nicht mehr in einem Ort verwurzelt ist. „Keine Gesammtgeographie, sondern Routen.“[11] Routen, die in erster Linie Beweglichkeit sichern sollen. Bordelltipps, „Aussteigen auf dem Dampfer“,[12] Ananaskauf. Billige Tage folgen auf „teure Fahrten“.[13] „Keine Angst vor falschem Geld.“[14] In den Bereichen, auf die es ankommt, das Beste zu finden, ohne zahlen zu müssen, greift die Form der Klugheitslehren auf, ohne dem nun touristischen Grunddilemma zu entgehen: der Angst vor der Abwesenheit von Markierung. „[T]he sight needs to be certified, marked as authentic. Without these markers, it could not be experienced as authentic – whence the [...] anxiety from the absence of markers. The paradox, the dilemma of authenticity, is that to be experienced as authentic it is mediated, a sign of itself, and hence lacks the authenticity of what is truly un-

[10] Ebd., S. 191.
[11] Ebd., S. 190.
[12] Ebd., S. 191.
[13] Ebd.
[14] Ebd.

spoiled, untouched by mediating cultural codes."[15] Der schwerfällige Louvre mit seiner erklecklichen Sammlung von exemplarischen Schildchen wird für Kafka zum Testfall für die Verhandlungsmasse von Beobachtung. Was ist eigentlich die Situation des Louvre? 1912 schreibt er aus dem Harz an Max Brod: „Warum sitzt Du Sonntag abend allein im Louvre?"[16] Max Brod sitzt in Prag, der Louvre macht sonntags um vier Uhr zu.

Der Tourismus kennt keine privilegierten Bereiche. Alles ist hier Bild. Sehenswürdig. (Wenn man es nur gesagt bekommt.) Touristen – und das heißt immer auch: wir alle – sind vorrangig am Obligatorischen, den verbindlichen Verknüpfungen innerhalb des Rituals interessiert, den Medienverbünden, nicht der Medienspezifik. Wie geht es weiter, wie kommt man von hier nach da, was fehlt noch, was nimmt man mit, sind die eigentlichen Herausforderungen. Kafka gibt acht auf Techniken der Mediatisierung. Sein Ding sind Zettel, Karten und Hinweisschilder. Die Organisation des Blicks. Das beginnt schon bei der Hinfahrt, dem zweiten Eintrag am ersten Tag: „Der während der Fahrt bestellte Kaffee wird für den Restaurateur durch grüne kleine Zettel, die an die Fenster geklebt werden, angezeigt. Man muß ihn aber mit Zettel nicht nehmen und bekommt ihn auch ohne."[17] Nach dem Umsteigen, im Übergang von der Eisenbahn- zur Automobil-

[15] Jonathan Culler, „The Semiotics of Tourism", in: ders., *Framing the Sign. Criticism and its Institutions*, Oxford: Basil Blackwell 1988, S. 164.
[16] Kafka, 17.7.1912, in: Max Brod, Franz Kafka, *Eine Freundschaft. Briefwechsel*, Frankfurt a.M.: Fischer 1989, S. 106.
[17] Brod, Kafka, *Eine Freundschaft. Briefwechsel*, S. 143.

wahrnehmung, fährt der Eintrag fort: „Automobil in München. Regen, rasche Fahrt (20 Min.), Kellerwohnungsperspektive, Führer ruft die Namen der unsichtbaren Sehenswürdigkeiten aus, die Pneumatiks rauschen auf dem nassen Asphalt wie der Apparat im Kinematographen."[18] Der Rausch des Durch-die-Bilder-Gezogen-Werdens. Das Publikum sitzt im Dunkeln, mitten in der Projektion, und sieht aus seinen Sitzen durch das kleine Fenster hoch. Die Räder spulen gleichmäßig das Programm herunter. Aber wo ist das Bild? Das Geräusch der Technik indiziert die Ortlosigkeit des Bildes in der Projektion, das nicht nur nicht einfach auf der Leinwand ist, sondern noch dazu immer weiterläuft.[19] Ton- und Bildspur entsprechen einander nicht, sind kontingent. Im Frühen Kino ist das überaus deutlich. Bei der Bilder-Fahrt, die Kafka organisiert, bevor er in den Louvre geht, geht es gar nicht primär um den Louvre. Interessant ist das Verhältnis von den Ansagen zu dem, was man sehen soll.

Die Edition von Kafkas Notizen zur „Reise Lugano – Mailand – Paris – Erlenbach" ist hier selbst anschaulich, weil sie irreführend ist. Mit der Angabe zur Confiserie de l'enfant gaté in der Rue des Petits-Champs kommt man im Louvre nicht so recht weiter. Auch die Wäscherinnen im Morgennegligée sind dort schwer zu finden. (Auch wenn man sie sich im 19. Jahrhundert vorstellen könnte.) In der Kritischen Ausgabe schlie-

[18] Ebd., S. 144.

[19] Vgl. Mary Ann Doane, „The Location of the Image: Cinematic Projection and Scale in Modernity", in: Stan Douglas und Christopher Eamon (Hg.), *Art of Projection*, Ostfildern: Hatje Cantz 2009, S. 151–166.

ßen diese beiden Einträge die Gemäldereihe auf der Seite ab. Sie teilen die Hängung der anderen Notizen, sind eingerückt, auf gleicher Höhe angeordnet. Wenn wir uns die Reihe als Streifen vor Augen führen, hakt es jedoch. Das Bild, das die Seite abgibt, stimmt oben und unten nicht. Die letzten beiden Einträge sind keine Bildtitel.

Der inszeniert bruchlose Übergang der Gemäldetitel zur Alltagsnotiz suggeriert eine visuelle Wahrnehmung des Schriftstellers, die sich mit derjenigen messen kann, die in den kanonischen Werken der bildenden Kunst zu finden ist. Und die folglich in deren Kontext gestellt zu werden hat. Abgehoben von den anderen Beiträgen (und von der Kunstgeschichte ratifiziert) ist plötzlich alles in dieser Anordnung Gemälde, steht da wie gemalt. Auch wenn es kein Gemälde ist. Mit dem Autornamen im Kopf operiert die Edition hier mit der Pseudoevidenz der isolierten Sätze von Spruchkarten. (Bei Schriftstellern stimmt einfach jedes Wort.) Und berauscht sich daran. Auf so einen Süßigkeitenladen muss man erstmal kommen. Lupenreiner Kafka. Die Organisation von Bedeutsamkeit entlang des Modells von Malerei wird auch in der Edition in der Fassung der Handschrift beibehalten, die authentisch sein will und deshalb die Bildtitel visuell mit zeilenlangen Trennlinien rahmend voneinander absetzt und weitere Notizen hinzuaddiert.[20] (Das Geschäft in der Straße und die nicht herausge-

[20] Das „Prinzip [ist], die Textgestalt der Handschrift auch im Druck beizubehalten, die Authentizität des dargebotenen Textes durch den möglichst engen Anschluß an die Handschrift zu wahren". (Hans-Gerd Koch, „Editorische

putzten Wäscherinnen sind nach wie vor Teil der Ausstellung.)

Anders als im Schreibheft haben Beobachtungen im Notizblock kein Gegenüber. Sie sind untereinander angeordnet, nicht gebunden. Betont wird das Einzelblatt. Alte Beobachtungen können jederzeit abreißen. Was als Nächstes kommt, ist völlig offen. In ihren Lesefassungen inszenieren die Editionen der Tagebücher dagegen einen Schreibfluss. Kohärenz, bei der man nicht mehr hinsehen muss. Der Schmierstoff ist Kanonizität und Intentionalität.[21] Die mangelnde Aufmerksamkeit für den Bruch, den der nächste Eintrag darstellt, lässt jedwede Haftung verlieren. Großes Bild auf großes Bild lullt ein. Für die Komplexität einer Beobachtung von Notizen werden wir von der Edition nicht vorbereitet. Stattdessen rutschen wir auf den Gummireifen ihrer Anschaulichkeit wie auf Asphalt im Regen dahin. Im Große-Schriftsteller-Druck bei Fischer lassen sich Beobachtungen, die einmal Fahrt aufgenom-

Notiz", in: Kafka, *Reisetagebücher in der Fassung der Handschrift*, Frankfurt a.M.: Fischer 2008, S. 217.)

[21] So wird der erste Eintrag auf dem Urlaubsblock gleich zum poetologischen Programm, das die folgenden Notizen erklärt. „Im Sommer 1911 verbindet Kafka mit den Aufzeichnungen der Ferienreise eine konkrete literarische Absicht." (Es hilft, diese Sätze einzeln zu lesen.) „Am Tag der Abreise macht er seinem Freund Max Brod den Vorschlag, parallele Aufzeichnungen zu führen, mit dem Ziel, gleichzeitig die Reise und die ‚innerliche Stellungnahme zu einander die Reise betreffend' zu beschreiben (vgl. S. 21). Während der Reise entsteht daraus der Plan, [...] gemeinsam einen Roman [...] zu schreiben." (Hans-Gerd Koch, „Nachbemerkung", in: Kafka, *Reisetagebücher in der Fassung der Handschrift*, S. 255.) Das Reisetagebuch fängt auf S. 21 so an: „Abfahrt 26. VIII 11 Mittag die schlechte Idee: Gleichzeitige Beschreibung der Reise und der innerlichen Stellungnahme zu einander die Reise betreffend. Ihre Unmöglichkeit durch einen vorüberfahrenden Wagen mit Bäuerinnen erwiesen." (Ebd., S. 21.)

men haben, offenbar nicht stoppen. Dabei weiß der Herausgeber des Tagebuchs es selbst doch eigentlich besser: „Kafkas Aufzeichnungen zu dieser Reise finden sich – ohne Überschrift – in drei abreißbaren Notizblocks (ca. 15 x 10 cm). Der Text ist bis ‚Rubens Kermesse' [...] im ersten [...] Block enthalten."[22] Danach fängt der zweite Notizblock mit dem Confiserie-Eintrag an. Was die Editionen uns bieten, ist ärgerlich, weil es philologisch nicht korrekt ist. Das Satzbild stimmt nicht. Dass eine Reihe abreißt und eine andere auf einem anderen Blatt anderswo beginnt, wird nicht markiert. Während die Notizen längst wieder aus der Bilderlogik heraus sind, ein neuer Schreibblock schon unterwegs ist, klebt das Buch aus dem Tagebuch noch halluzinatorisch an ihr.

Das vergleichsweise uninspirierte Abschreiben von Titeln kanonischer Gemälde organisiert keine Eindrücke von der Art: Diese Bilder gefallen mir. Dazu ist die Hinzufügung der Jahreszahlen zu aufwendig. Es zeigt auch keinen Geschmack, sondern wiederholt Teile eines Ordnungsprinzips. Mit den Bildern passiert nichts. Es ist nicht einfach ein ‚Eins hin, neun im Sinn'. Man braucht diese Bilder nicht weiter zu memorieren. Jedes von ihnen lässt sich problemlos in den Führern wiederfinden. Im Notizbuch werden sie einfach abgespult. Klar ist nur, dass bei so vielen Bildern um einen herum einem schon mal ganz anders werden kann. Irgendwie weiß man nicht so recht, wie es weitergeht.

[22] Brod, Kafka, *Eine Freundschaft. Reiseaufzeichnungen*, S. 283.

1910 macht Sigmund Freud mit *Eine Kindheitserinnerung des Leonardo da Vinci* seinen einzigen Ausflug in die Biografik und die Analyse einer historischen Figur. Was ihm bei der Durchsicht der Tagebücher da Vincis auffällt, ist die Parallelität dreier kleiner Notizen in den Tagebüchern: der Leichenrechnung der Caterina, der Kostenrechnungen der Schüler und der Eintrag zum Tod seines Vaters, der nur die zentralen Daten wiedergibt: Datum, Name des Notars, Uhrzeit, Alter, Anzahl der Kinder. Alle diese Einträge sind kurze Listen, Aufzählungen ohne Pathos. „Auch die Form ist eine ähnliche, dieselbe pedantische Genauigkeit, die gleiche Vordringlichkeit der Zahlen. Wir heißen eine solche Wiederholung eine Perseveration. Sie ist ein ausgezeichnetes Hilfsmittel, um eine affektive Betonung anzuzeigen."[23] Freud geht hier zurück auf einen Eintrag zum Tod des eigenen Vaters, der den Übergang von seinen fixen Ideen über den Ursprung der Hysterie zum Konzept der Selbstanalyse eingeläutet hatte.[24] Am 2. November 1896 schreibt er an Fliess über seinen Traum in der Nacht nach der Beerdigung: „Ich war in einem Lokal und las dort eine Tafel: Es wird gebeten/ die Augen zuzudrücken."[25] Es sind nicht Zahlen in diesem Fall, wiederholt werden in Freuds Brief und in

[23] Sigmund Freud, *Eine Kindheitserinnerung des Leonardo da Vinci* (1910), in: *Studienausgabe*, Bd. X: *Bildende Kunst und Literatur*, Frankfurt a.M.: Fischer 1969, S. 142.

[24] Manfred Krapp, „Freud und Adler – Zur Entwicklung der Psychoanalyse und die Geschichte der ersten Abspaltung", in: Helmut Bachmeier (Hg.), *Paradigmen der Moderne*, Amsterdam, Philadelphia: John Benjamins B.V. 1990, S. 186.

[25] Sigmund Freud an Wilhelm Fließ, Wien, 2. Nov. 96, in: Sigmund Freud, *Briefe an Wilhelm Fliess 1887–1904*, Frankfurt a.M.: Fischer 1986, S. 213.

Kafkas Notizblock Hinweisschilder, die Wahrnehmung steuern. Die etwas durchlassen. Zulassen. Und zugleich zuschneiden. Titel sind Versprechen auf Beobachtung, die sie und die Beobachtungen, die an sie anschließen, zugleich vorstrukturieren. Was auf dem Spiel steht, ist die Organisation.

Wie organisieren zwischen 1910 und 1917 unterschiedliche Texte um Reise, Kino, Museum und Büro herum Aufmerksamkeiten? Wie stellt Schrift im Bild Forderungen? Was knöpfen uns diese Texte ab?

Als Kafka in den Louvre kommt, ist die Aufregung groß. „Gedränge im Salon Carré, erregte Stimmung, gruppenweises Stehen, wie wenn die Mona Lisa gerade gestohlen wäre."[26] Der Potenzialis ist ironisch. Wo einmal die Mona Lisa war, ist am 9. September 1911 tatsächlich nur noch ein Fleck an der Wand. An diesem Samstag ist der Diebstahl allerdings mittlerweile nun auch schon wieder zwanzig Tage her. Die geklaute Mona Lisa ist auch nicht wirklich Nachricht, die Schlagzeile der Louvre-Einträge im Notizblock. Kafkas Notiz von Beobachtungen von Abwesenheit wird gerahmt von Wahrnehmungen der eigenen Müdigkeit. Die Zwangsmaschine Louvre, obendrein in Gesellschaft, hatte alle guten Vorsätze zunichte gemacht. Kafka schleppt sich im Louvre von Bank zu Bank und betont „die Annehmlichkeit der Querstangen vor den Bildern an denen man lehnen kann".[27] Von den Bildern nimmt er nicht groß Notiz, einen eigenen Plan

[26] Brod, Kafka, *Eine Freundschaft. Reiseaufzeichnungen*, S. 179.
[27] Ebd.

hat er längst aufgegeben. „Dieser Zwang mit Max seine Lieblingsbilder anzusehen, da ich zu müde bin, selbst herumzuschauen."[28]

Die Filmgesellschaft Gaumont hatte den Augenblick des Diebstahls penibel genau mit der Kamera festgehalten. Der Film mit dem Titel PARIS, VUE DU MUSÉE DU LOUVRE AU MOMENT OU LA JOCONDE VENAIT D'ÊTRE VOLÉE von 1911, ein Beitrag für die Gaumont Actualité, die es seit einem Jahr gibt, ist zehn Sekunden lang und besteht aus drei Einstellungen.

Abb. 2

Abb. 3

[28] Ebd.

Abb. 4

Ja, so war es am 21. August 1911. Genauer kann man kaum sein. Der Bildabgleich von der Schrifttafel zur gefilmten Postkarte, zur dokumentierten Fassade, die plötzlich nichts Magisches mehr hat, verändert die Wahrnehmung. Das Gespenst der Mona Lisa hat sich aus dem Staub gemacht. Was bleibt, ist das Bild der Institution. Die Postkarten bekümmert das nicht. Sie müssen mit neuen Untertiteln versehen werden. Natürlich bleibt die Mona Lisa, auch wenn sie verschwunden ist.

Das Timing von Gaumont ist verblüffend. Keine drei Wochen nach dem Diebstahl, sieht Kafka mit Brod in Paris bereits den ersten Spielfilm zum Fall. NICK WINTER ET LE VOL DE LA JOCONDE ist einer der ersten beiden Filme eines neuen Abenteuerformats, mit dem Pathé mit der erfolgreichen französischen Adaptation der amerikanischen *Nick Carter*-Pulp Novel-Figur, die Éclair 1908 in die Kinos gebracht hatte,[29] zu konkurrieren suchte. Im Gegensatz zu den actiongeladenen Filmen

[29] Vgl. Phil Hardy (Hg.), *BFI Companion to Crime*, Berkeley and Los Angeles: University of California Press 1998, S. 242.

Abb. 5

von Éclair setzt Pathé auf Ironie. Die sechzehn voneinander unabhängigen Filme zwischen 1911 und 1914 spielen im bürgerlichen Milieu in Paris und lassen den Detektiv als Verkleidungskünstler in einer Vielzahl von Rollen trickreiche Bösewichte überführen. Drehbuchautor Paul Garbagni hat bei den Filmen auch die Regie. Waren die ersten Filme noch One-Reeler von fünf bis zehn Minuten Länge, wurde ab 1912 schon auf Filme mit mehreren Rollen umgestellt. Das Format hatte sich als ausbaufähig erwiesen. Der letzte Nick Winter-Film kommt am 1. Juli 1914 in die Kinos. Sein Titel ist: C'EST NICK WINTER QUI A RETROUVÉ LA JOCONDE und ist 5:13 Minuten lang. Die Nick Winter-Filme, die die Gewohnheiten des Bürgertums karikieren, operieren also strenggenommen unter dem Vorzeichen der Abwesenheit der Mona Lisa. Einen Monat nachdem die Mona Lisa wieder zurück in ihrem angestammten Museum ist, bricht der Erste Weltkrieg aus, der Beziehung zu Bildern grundsätzlich verändern wird.

Pathés schnelle Reaktionszeit von knapp zwei Wochen beim Diebstahl der Mona Lisa ist bemerkenswert. Aber da die Mona Lisa nun einmal für den Louvre steht und dieser für Paris, war das Verschwinden des Bildes, für das alle Welt anreist, ein Schlag ins Kontor. Tourismus wird im Film folgerichtig selbst zum Thema. NICK WINTER ET LE VOL DE LA JOCONDE handelt von der lückenlosen Ordnung oder der unterbrochenen Reihenfolge, je nachdem. Man könnte auch sagen, der fixen Idee, dass alles an seinem Platz zu sein hat. Die beiden Beispiele, die parallel durchgespielt werden, sind Hängung und Knöpfung. Vom Diebstahl der Mona Lisa erfährt der schusselige Direktor des Louvre zu Beginn des Films wie die Reisenden in Paris auch: durch Lektüre. Das Telegramm erreicht ihn im Bett. Beim überstürzten Anziehen gerät ihm die Reihenfolge durcheinander. Anziehen folgt nicht mehr auf Ausziehen, der Pyjama bleibt an, seine Schlafmützigkeit den ganzen Film über unter dem Zylinder erhalten. Weil der Diener die Schuhe hereingebracht hat, wird der Anfang, der ein Aufbruch sein, Handlung initiieren soll, mit den Schuhen gemacht. Das ist etwas, das der Film besonders betont. Er benutzt dazu als eigene Attraktion eine der zu diesem Zeitpunkt noch ziemlich neuen Nahaufnahmen.

Abb. 6

Wir sehen, dass der Direktor beim Anziehen kurz stutzt, als er bemerkt, dass der oberste Knopf von der Knopfleiste seines Schuhs fehlt. Dann hampelt er mit den übrigen Kleidungsstücken herum und will erst ohne Hose aus der Tür rennen. Was für seinen Aufzug zu spät kommt, was er nicht mehr gebrauchen kann, steckt er in die Tasche. Er kann ja nochmal nachbauen, sobald er etwas Zeit hat. So hält er plötzlich in der zweiten Szene im Louvre seinen Hosenträger in der Hand, als er in die Tasche greift, um sich die Stirn abzutupfen. Weil keiner hinsieht und er keine Wiederholung möchte, wirft er ihn unter einen Stuhl. Der Meisterdetektiv kommt hinzu und inspiziert die Szene des

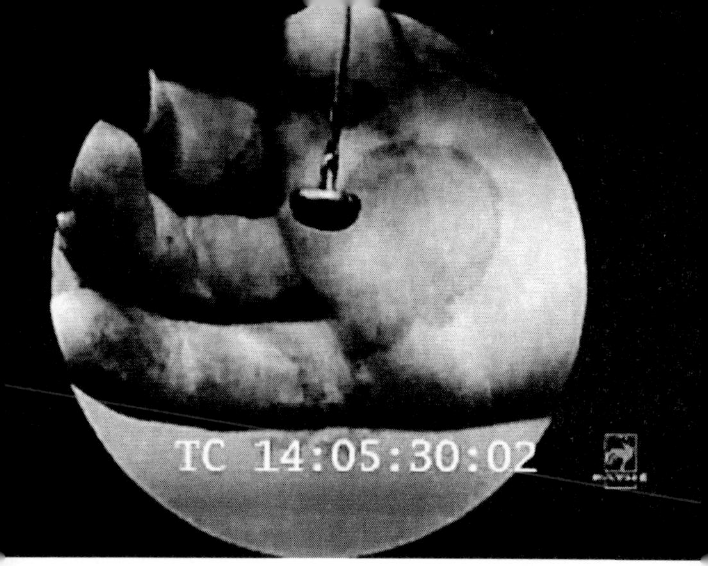

Abb. 7

Verbrechens. An der Stelle, wo das Gemälde fehlt, schaut er mit seiner Lupe erst auf die Haken an der Wand und findet dann den Knopf am Boden. Das ist dem Film die zweite Nahaufnahme wert. Eine Maske imitiert hier die Lupe.

Die Knöpfe an den Schuhen korrespondieren mit den Haken an der Wand. Beides sind Arretierungsverfahren. An diese Haken gehört dieses Bild; dieser Knopf gehört an diesen Schuh. Das ist die Logik. Schließlich soll eine Sammlung oder ein Schuh eines Direktors nicht allzu abgerissen aussehen. Hervorgehoben werden Werk und Schuh-Werk. Zugleich persifliert der Knopf das berühmteste Beweisstück. Die

New York Times schreibt am 26. August 1911: „On Trail of the Mona Lisa: Police find Brass Knob from the Louvre Dropped by Picture Thief. [...] [A]nother witness, a store clerk, said today that, while hurrying to his work on Monday morning, he saw an individual answering the description of the man carrying the panel throw something into a garden. M. Hamard, Chief of Detectives, immediately sent some of his men to this garden. They found a brass knob of the door of the Louvre which the thief had burst open when escaping from the building.“ Messing-Schuhknopf und Messing-Türknopf eröffnen das Verfahren. Wir haben die Mobilität der Objekte und die Regelung der Zugangsbedingungen. Prompt findet der Detektiv die Hosenträger des Direktors unter dem Stuhl. Eine Verbindung zwischen beiden zieht er nicht. Warum auch? Wieder hat keiner hingesehen.

Nick Winter verlässt das Museum – der Film zeigt ausgiebigst die ikonische Fassade des Louvre – und macht sich auf die Suche nach dem Knopf im Stadthaufen. Der Film präsentiert nun die symbolischen Nachbarschaften des Louvre als Schauwerte. Nach dem Louvre schaut man sich in Paris in der Regel Notre Dame an.

Es ist hier, an der Seine, wo Nick Winter, der ab sofort die Besucher beobachtet, in den Dienstleistungen für die Touristen seine passende Verkleidung findet. Nach dem Rollentausch nun als Schuhputzer mit der großen Schuhputzkiste unterwegs, kann er den Leuten ungestört auf ihr Schuhwerk schauen und zugleich die Touristen anziehen. Die Hintergründe wechseln, werden durchgespielt. Nach Notre Dame geht es ins Stra-

Abb. 8

ßencafé. Wir folgen den nimmermüden Klischees aus dem „Paris und Kultur"-Fundus.

Kafka nimmt das alles mit. „Und meine Müdigkeit in Paris kann nicht durch Ausschlafen sondern nur durch Wegfahren beseitigt werden. Manchmal halte ich das sogar für eine Eigentümlichkeit von Paris."[30] Zurück im Louvre nach der ergebnislosen Suche, entdeckt Nick Winter die fehlende Stelle am Schuh des Direktors und vermag ihm in einem zweiten Ermittlungsschritt auch noch die merkwürdige Halterung unter dem Stuhl, den Hosenträger in nun seiner Ta-

[30] Ebd., S. 174.

Abb. 9

sche, zuzuordnen. Als er ihm die Handschellen anlegt und aus dem Louvre führt, kommt der wahre Dieb mit der Mona Lisa hinter seinem Rücken zurück zum Tatort, hängt sie wieder an ihren Platz an Ort und Stelle und verschwindet mit einem anderen Bild hinter seinem Rücken.

An der Mona Lisa (links vom Täter) hängt nun eine kleine Notiz. Alarmiert durch den Wärter, finden die zurückgekehrten Offiziellen die Mona Lisa, den Zettel und, nachdem sie die Notiz gelesen haben, den neuen Fleck an der Wand. Der Film zeigt seine dritte und letzte Nahaufnahme. Wir lesen in fotografierter Handschrift schwarz auf weiß: „Sehr geehrte Herren! Verzei-

Abb. 10

hen Sie mir, dass ich die Mona Lisa mitgenommen habe; ich bin kurzsichtig, ich wollte das Bild daneben haben. Ein Unbekannter."[31] Gezeichnet: kein Name. Keiner jedenfalls, den ihr kennt. Und der hat auch Probleme. Kann nicht weit voraussehen. Lücke ohne Knopf macht Zettel. Nebenan tut sich schon die neue Baustelle auf. Direktor, Detektiv und Dieb taugen alle nicht zum Helden. Wir müssen uns korrigieren. Klar ist nur: Was zählt, ist das Bild, das daneben ist.

[31] Nick Winter und der Raub der Mona Lisa, F 1911, Paul Garbagni, Deutscher Zwischentitel, Andrea Kirchhartz, 28. Bonner Stummfilmtage, 19.8.2012.

Abb. 11

1913 wird der Diebstahl der Mona Lisa aus heiterem Himmel aufgeklärt. Das Gemälde ist in Florenz. Der Diebstahl hatte das ganze Drumherum offengelegt. Eine kleine Mediengeschichte. War es 1911 ein Maler, der die Mona Lisa kopieren wollte, der den Diebstahl als erster bemerkt hatte, weil die Aufseher davon ausgingen, dass sie wahrscheinlich gerade für die Sammlung im Studio des Museums fotografiert wurde, stellte sich 1913 heraus, dass ein patriotischer, italienischer Handwerker, zu dessen Aufgaben es gehörte, Glaskästen zum Schutz der wertvollsten Stücke der Sammlung, so auch der Mona Lisa, zu bauen, das Bild in einem unbemerkten Augenblick an sich genommen hatte, um es an seinen richtigen Platz, Italien, zurückzubringen.

Kaum ist die Mona Lisa wieder zurück im Louvre – Frankreich hatte das Bild als nette Geste für zwei Wochen den Uffizien überlassen –, produziert Gaumont den nächsten Mona Lisa-Film für seinen Nachrichtenblock. Wieder hat das Studio den Augenblick genau abgepasst. Der Film PARIS, LA JOCONDE RENTRE AU LOUVRE ist zwanzig Sekunden lang und besteht aus drei Einstellungen.

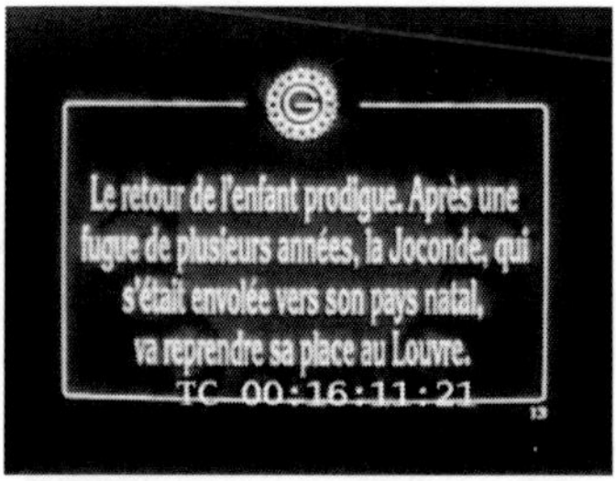

Abb. 12

Abb. 13

Abb. 14

Ja, so war es am 4. Januar 1914, als die Mona Lisa in den Louvre zurückkehrte. Genauer kann man kaum sein. Die Schrift hat zugenommen. Ist aufgeregt. Statt eines Autobusses fährt nun eine Kutsche vorbei. Nach der ersten Postkarte muss eine zweite her. Die Magie ist wieder da, das Lächeln unter Dach und Fach. Der Film ist von 1913. Die Mona Lisa wurde am 11. Dezember 1913 in einem Florenzer Hotel anhand ihrer Rückseite identifiziert. Die Katalogisierungsnummer des Louvre und sein Stempel ließen keinerlei Zweifel.

1917 schreibt Franz Kafka einen kurzen Prosatext über fixe Ideen, technische Apparate und den Sog des Nebeneinanders durch die Wand: *Der Nachbar*. Das Schild des neuen Mieters an der Tür im Korridor gleich neben dem eigenen Büro hatte ihn ins Nachdenken gebracht. „Harras heißt er. Was er dort eigentlich macht, weiß ich nicht. Auf der Tür steht: ‚Harras, Bureau'. Ich habe Erkundigungen eingezogen, man hat mir mitgeteilt, es sei ein Geschäft ähnlich dem meinigen. [...] Genau gesehen habe ich ihn noch gar nicht, den Büroschlüssel hat er schon vorbereitet in der

Hand. Im Augenblick hat er die Tür geöffnet. Wie der Schwanz einer Ratte ist er hineingeglitten und ich stehe wieder vor der Tafel ‚Harras, Bureau', die ich schon viel öfter gelesen habe, als sie es verdient."[32] Der Ich-Erzähler versucht, Arbeit von außen zu denken. Das Schild an der Tür mit unüberprüfbarem Namen und Funktion erzeugt jedoch eine Spektralisierung. Es wird projiziert und lässt damit die Gespenster los. Die Spur des Körpers des Nachbarn führt die Kraft des Mediums vor, das man nicht kontrollieren kann. Sie ist abstrakt, zeigt einzig und allein das Prinzip der Verkettung von Beobachtungen. (Den ganzen Rattenschwanz von Beobachtungen.) In der Nachstellung des Nachbarn baut sich die eigene Spur unangenehm auf. Gesellschaftliches und Gespenstisches läuft fortan parallel. Was einmal ein sorgfältig konzipierter, durchdefinierter, ungeteilter Raum mit klaren Hierarchien und Abläufen war – „Zwei Fräulein mit Schreibmaschinen und Geschäftsbüchern im Vorzimmer, mein Zimmer mit Schreibtisch, Kasse, Beratungstisch, Klubsessel und Telefon, das ist mein ganzer Arbeitsapparat. So einfach zu überblicken. So leicht zu führen"[33] –, erhält ein imaginäres Double, einen Raum unbeschreiblicher Energie, der die eigene abzapft. Der Name nebenan an der Wand stellt den eigenen in Frage und droht, ihn durchzustreichen. „Natürlich werden dadurch meine geschäftlichen Entscheidungen unsicher, meine Stimme zittrig. Was macht Harras, während ich

[32] Franz Kafka, *Der Nachbar*, in: *Sämtliche Erzählungen*, Frankfurt a.M.: Fischer 1977, S. 301.
[33] Ebd., S. 300.

telephoniere? Wollte ich sehr übertreiben – aber das muß man oft, um sich Klarheit zu verschaffen –, so könnte ich sagen: Harras braucht kein Telephon, er benutzt meines, er hat sein Kanapee an die Wand gerückt und horcht, ich dagegen muß, wenn geläutet wird, zum Telephon laufen, die Wünsche des Kunden entgegennehmen, schwerwiegende Entschlüsse fassen, großangelegte Überredungen ausführen – vor allem aber während des Ganzen unwillkürlich durch die Zimmerwand Harras Bericht erstatten. Vielleicht wartet er gar nicht das Ende des Gespräches ab, sondern erhebt sich nach der Gesprächsstelle, die ihn über den Fall genügend aufgeklärt hat, huscht nach seiner Gewohnheit durch die Stadt und, ehe ich die Hörmuschel aufgehängt habe, ist er vielleicht schon daran, mir entgegenzuarbeiten."[34]

Greifen wir die Anregungen des *Nachbarn* auf. Konzentrieren wir uns stärker darauf, wie Nachbarschaften in Reihen, Bilder in Streifen, sich entgegenarbeiten. Wie sich Zettel und Schildchen immer auch auf „das Bild daneben" beziehen. „Daneben" ist immer auch das ungehörige Bild. Das Bild, das sich in die bisherige Logik nicht fügen will. Also jedes Bild.

NICK WINTER ET LE VOL DE LA JOCONDE ist ein Film über die blinden Flecke der Beobachtung. Mit seinen Serien von Substitutionen macht er sensibel für Nachbarschaften. Zugleich ist er ein Film über Experten und Liebhaber und die unverzichtbaren Zettel im Museum. Mit Blick auf den Meisterdetektiv macht er sich

[34] Ebd., S. 201.

über den Augenscheinbeweis und den Index lustig. Über NICK WINTER ET LE VOL DE LA JOCONDE zu schreiben, war lange Zeit nicht einfach, weil man sich den Film bislang nicht ohne Weiteres anschauen konnte. Und weil nicht klar war, welche Filme eigentlich noch zu diesem Film gehören.[35] Gaumont-Pathé hat ihn nun glücklicherweise ins Netz gestellt. Wir müssen uns nicht mehr nur auf einige wenige Standfotos verlassen. Und sie immer wieder neu abdrucken. Im Fall von NICK WINTER ET LE VOL DE LA JOCONDE ist solch ein Vorlauf, der vom Einzelbild ausgeht, in anderer Hinsicht auch von Vorteil. Man kann nämlich so in seinen Lesarten studieren, was der Film selbst schon tut: nämlich nachzuvollziehen, wie abwesende Bilder sich im Kopf ganz automatisch zu einer Reihe zusammenfügen.

Das unsichtbare Meisterwerk: Die modernen Mythen der Kunst von 1998 erfährt den Verlust der Kategorie des Meisterwerks, für die die Ereignisse um den Diebstahl der Mona Lisa herum ein Symptom sind, als einen Verlust an Bildung. „Das rätselhafte Lächeln der ‚Gioconda' schrumpfte in dem berühmtesten Museumsbild, das jetzt ein gestohlenes Werk war, zu einem Schlagwort, das sich nicht mehr an einen bestimmten Grad von Bildung wandte. Die Vervielfältigung ge-

[35] Hanns Zischler hat schon sehr früh das Problem benannt. „Je mehr Material ich ausfindig machen konnte, desto größer wurde die Schwierigkeit, den Nachweis zu erbringen, daß bestimmte Filme tatsächlich nicht mehr existierten. Der verstorbene Schweizer Filmhistoriker Fritz Güttinger [...] nannte dieses Phänomen ironisch-fatalistisch ‚Filmlückengeschichte'." (Hanns Zischler, *Kafka geht ins Kino*, Reinbek bei Hamburg: Rowohlt 1998, S. 10.) Wie gehen wir nun mit diesen Lücken um? Muss Kafka uns alles sagen?

hörte zu seiner Wahrheit, nachdem der Betrachter selbst die Berühmtheit nur noch registrierte, statt sie zu betrachten."[36] Bildung heißt nicht, die Mona Lisa zu kennen – die kennt jeder Idiot –, sondern die Ordnung der Mona Lisa zu kennen. Der Gebildete kennt die Konfiguration, in der sie auftaucht. Er weiß nicht nur, was auf dem Bild zu sehen ist, sondern auch, was rechts und links von ihm hängt bzw. zu sehen ist. Der Gebildete hat alle möglichen Reihen immer schon im Kopf. Er wird nicht gern vor neue Tatsachen gestellt.

Es sind die vier Abbildungen, die in *Das unsichtbare Meisterwerk* die Situation im Louvre 1911 veranschaulichen sollen, die die Geschichte der gemeinen Bildung auf den Punkt bringen. Sie fängt an mit der Kopie. Das erste Bild zeigt den Kopisten, der den Diebstahl der Mona Lisa als erstes bemerkt hatte, zwei Jahre zuvor bei der Arbeit. Am Dienstag, den 22. August 1911 war er in den Louvre zurückgekehrt, um sein jüngstes Bild fertigzustellen. Es heißt, er habe vorgehabt, gegen die geplanten Glasrahmen um die Mona Lisa mit einem Bild zu protestieren, das einen Mann zeigen sollte, der sich im Glas des Gemäldes rasiert.[37] Man sieht das Objekt des Studiums, so wie wir es kennen, als die Welt noch in Ordnung war.

„On Sunday evening, August 20, 1911, Leonardo da Vinci's best-known painting, conservatively estimated at five million dollars ($112.5 million today), was hang-

[36] Hans Belting, *Das unsichtbare Meisterwerk: Die modernen Mythen der Kunst*, München: Beck 1998, S. 314.
[37] R. A. Scotti, *Vanished Smile: The Mysterious Theft of Mona Lisa*, New York: Knopf 2009, S. 18.

Abb. 15

Abb. 16

ing in her usual place on the wall of the Salon Carré, between Correggio's Mystical Marriage and Titian's Allegory of Alfonso d'Avalos."[38] Diese Reihe, die so sicher ist, wie keine andere, die, in Kafkas Worten, eine Bank ist, wird nun schmerzhaft unterbrochen.

[38] Ebd., S. 25.

Der Schock sitzt tief. Der Kunsthistoriker registriert die Abwesenheit, verliert aber zugleich selbst die Fassung. Seine Selbstverständlichkeiten sind nicht mehr selbstverständlich. Er kann plötzlich nicht mehr sehen. Das Bild, das er vor sich hat, kann er nicht mehr beschreiben. Dazu ist er nicht ausgebildet. Die Details entgehen ihm. „Tausende pilgerten zum Louvre, um bewegt auf den leeren Fleck und die drei Nägel zu starren, an denen das Werk aufgehängt gewesen war."[39] Alle Welt wandert zum leeren Grab und weiß, dass die Welt nicht mehr die alte sein wird. Der Traum von der eigenen Exklusivität, mit der der Wissenschaftler noch an der ständischen Welt des frühneuzeitlichen Gelehrten hängt,[40] vermag nicht mehr zu überzeugen. Das wissen selbst Kafka und Garbagni schon zu Zeiten, in denen es den Adel noch gab und er nicht mehr nur gespielt werden musste. Ist man aber einmal gezwungen zu teilen – „Je mehr Leute über Kunst mitreden wollten, desto willkommener war der bloße Zitiername eines Kunstwerks, das selbst die Experten auslachte."[41] – ist bis drei Nägel zu zählen, wenn man vier vor sich in der Wand hat, für einen unter Tausenden keine Selbstverständlichkeit mehr. Was merkwürdig ist: die neue Situation ist doch alles andere als neu.

[39] Belting, *Meisterwerk*, S. 311.

[40] Nacim Ghanbari, „‚Die Erfindung der Bildung.' Gespräch mit Heinrich Bosse", in: Heinrich Bosse, *Bildungsrevolution 1770–1830*, Heidelberg: Winter 2012, S. 2.

[41] „Es war deshalb nur zu verständlich, daß die Kenner italienischer Malerei, wie Bernhard Berenson und Roberto Longhi, sich trotzig gegen das Bild erklärten, das kein Gegenstand ihres Kennertums mehr war." (Belting, *Meisterwerk*, S. 314.)

Nach dem Abstreifen der Autodidaxe, die sich noch an Situationen anzupassen versteht, besteht auch Bildung seit 1800 überwiegend aus nicht viel mehr als der endlosen Zirkulation weniger Bildungszitate der immer gleichen Autoren in immer gleicher Ordnung. Vielleicht ist hier, im Fall der drei Nägel, aber auch nur die christliche Erziehung nach der Gotik in die Quere gekommen.[42] Was wird bloß diese Lücke füllen?

Für den männlichen Kunsthistoriker alter Schule tun dies Frauen, Plural. Schlimmer noch: lebendige Frauen, d.h. Schauspielerinnen. „Der Gesichtsverlust des Meisterwerks zog einen Kursverlust der Malerei nach sich. Die Boulevardpresse veröffentlichte eine Fotoserie von Damen aus dem Schaugewerbe, ‚deren Lächeln uns erhalten bleibt'. Sie waren alle in Trauer gekleidet, aber die Trauer war unverschämt, weil man die lebendigen Schauspielerinnen, Trägerinnen neuer Klischees, frecher liebte als das hehre Phantom aus dem Louvre."[43] In die Lücke des Werts an der Wand schießt auf der Stelle die Unhehrlichkeit. Wo einmal Ruhe und Konzentration war, ist nun dämliche Geschwindigkeit.

[42] „Als erste datierte Darstellung des Dreinagelkruzifixes, bei dem die Beine übereinandergelegt mit nur einem Nagel ans Kreuz geschlagen sind, gilt das Kreuzigungsrelief von Tirlemont aus dem Jahr 1149. Zur Verbreitung dieser Version hat zweifelsohne das so genannte ‚Turiner Grabtuch' beigetragen, das bis 1989 als das Grabtuch Christi angesehen wurde und bei dem die Verwendung von drei Nägeln ersichtlich ist. Das Dreinagelkruzifix weist meist kein Stützbrett für die Füße auf." (Dreinagelkruzifix, http://www.beyars.com/kunstlexikon/lexikon_2255.html, zuletzt aufgerufen am 23.6.2014.)

[43] „Erst nach vielen Wochen entschloß man sich dazu, sie mit einem Raffael-Porträt zu füllen." (Belting, *Meisterwerk*, S. 313.)

Abb. 17

Weil alles durcheinander geht, ist nun Kafka an der Reihe, der, wie wir wissen, zu diesem Zeitpunkt eher in den Seilen hängt. Er guckt auch schon ganz komisch. „Nachdem [Franz Kafka und Max Brod] noch am selben Tag den starren Blick auf die Stelle geheftet hatten, von der das berühmteste Bild der Welt verschwunden war, tauchten sie am nächsten Abend in den Bilderstrom eines Lichtbildtheaters ein. [...] Die

‚Mona Lisa' avanciert dabei keineswegs zur Filmheldin, sondern wird wie ein totes Requisit durch die Filmszene geschleppt. Die Heldenrolle gehört den Schauspielern, halb Akrobaten und halb Clowns, welche die bewegten Bilder am Laufen halten. Geschwindigkeit ist der Trumpf des Mediums. Von den Wänden sehen die Museumsbilder im Film wie alte Erinnerungen herab, die in ihrem Rahmen einmal die Blicke auf sich gezogen hatten. [...] Die Sprache, so empfand Kafka, war kaum noch in der Lage, Bilder festzuhalten, die immerzu entliefen, während man es früher leicht gehabt hatte, den Blick zu beschreiben. Die neuen Bilder raubten allen einen Blick, der sich noch in Sprache umsetzen ließ. [...] Das Meisterwerk war das Hauptbeispiel nicht nur der alten Kunst, sondern auch des stillen Bildes, schon weil es dazu aufforderte, es lange zu betrachten. Der Kursverlust der traditionellen Kunst spiegelte sich im Kraftverlust des stillen Bildes, dem sich das ‚Zeitbild' (Deleuze) an die Fersen heftete, um es aus dem Feld zu schlagen."[44] Die haltlose Beobachtung, kurz gesagt: Filmtheorie, ist für den Meisterwerkler, der es mit Theorie nicht so hat, sorgsam eingebettet in Ressentiment. Was wird in dieser Passage gesehen, wahrgenommen? Gehen wir noch einmal mit einer Postkarte zurück zum stillen Bild in seinen Proportionen in den Salon Carré.

Die Mona Lisa hängt unten links in der Mitte dieses hektischen Sonderraums der Bildung. Für die Zeitgenossen Kafkas und Brods ist sie schlecht zu erkennen.

[44] Ebd., S. 316–318.

Fig. 45. — Le Salon Carré.

Abb. 18

Karl Baedeker: „Das berühmteste Werk, das im Louvre von Lionardo bewahrt wird, ist die Mona Lisa [...]. Wer sehen will, meint Vasari, wie weit es der Kunst möglich sei, die Natur nachzuahmen, der möge den schönen Kopf betrachten. Heute würde er es kaum mehr sehen, denn das Bild besitzt nur noch einen Schatten von Farbe und seine ursprüngliche Wirkung muß mühsam errathen werden."[45] Sigmund Freud: „Von all den Feinheiten, die sein Pinsel damals auf der Leinwand wie-

[45] Karl Baedeker, *Paris und Umgebungen. Handbuch für Reisende*, Leipzig: K. Baedeker [13]1891, S. 100.

dergab, hat das Bild in seinem heutigen Zustand wenig nur bewahrt."[46] Im Salon Carré, dem Saal der Meisterwerke im Louvre, ist das nicht weiter schlimm. Dort ist es vorrangig die Masse der Bilder, die man sehen soll, ihre Häufung, ihre Hängung. Und natürlich kann man dann, hat man den Raum einmal verstanden, auch wenn man nicht mehr viel sieht, aus Tausenden heraus die Mona Lisa erkennen. Auch wenn die Postkarte nicht übermäßig hell ist, lassen sich in der Nachbarschaft der Mona Lisa Corregio und Tizian ohne Weiteres identifizieren. Interessant ist nun, dass für den Kunsthistoriker dieser Raum, mit dem er wie mit keinem anderen vertraut ist, der der Kern seiner Theorie der Größe ist, und dessen Prinzip der Nachbarschaft er für sein Buch noch einmal verkleinert zuspitzt, derselbe Raum sein soll, wie dieser hier, den er kurz darauf in seinem eigenen Text abbildet:

Abb. 19

[46] Freud, *Kindheitserinnerung des Leonardo*, S. 134.

Hier stimmt aber auch wirklich rein gar nichts. Es scheint kein Problem für die kunsthistorisch gebildete Betrachtung zu sein, dass NICK WINTER ET LE VOL DE LA JOCONDE einen völlig neuen Saal im Louvre für seine Diegese einrichtet und dies, wie wir noch sehen werden, auch sehr sorgfältig tut. Unbesehen übernimmt sie per Zitat dieselben Unrichtigkeiten, die Max Brod, der mit diesem Saal ebenfalls mehr als vertraut war, aber kein Standbild zum Abgleich und Studium zur Verfügung hatte, nach einmaligem Sehen notiert hatte. Unbewegt zieht er dieselben drei Nägel aus dem Text und nimmt als Ersatz für das zurückgebrachte Meisterwerk ebenfalls die Prinzessin von Velázquez mit, die er doch eigentlich kennen sollte und die das Bild daneben sein soll, dies aber auf dem Foto ganz deutlich nicht ist. Max Brod das letzte Wort zu geben und davon Abstand zu nehmen, das eigene Material zu studieren, ist kein Fehler. Es zeigt dieselbe Logik der Bildung, die nicht darauf angewiesen ist, etwas zu sehen, weil sie immer schon weiß, wo sich das, was zählt, befindet. Genau diese Selbstgewissheit wird von dem kleinen, phantastischen Film von 1911 gründlich unterlaufen.

Auch der neue Salon Carré de Pathé hängt voller Kunstwerke und ist durch das berühmte Porträt einer Frau verankert, das im Louvre hängt. Deshalb funktioniert das Spiel auch. Es ist Vigée-Lebruns Porträt von Marie Antoinette. (Sie erinnern sich: jemand, der seinen Kopf verloren hat.) Um ganz auf Nummer sicher zu gehen, doppelt das hereingetragene Porträt der Mona Lisa in den Aushangfotos das Gefühl der Vertrautheit mit diesem Raum. Hängt die Mona Lisa nicht in der Nähe einer Saalecke? Die Bilder um sie herum sind ebenfalls alles berühmte Bilder aus dem Louvre, die aber leider allesamt Reproduktionen sind. (Bis auf den heutigen Tag könnte sich kein Film so viele Bilder aus dem Louvre leisten.) Das Dumme an Reproduktionen ist, dass sie sich in der Regel nicht um Formate scheren. Man kann Bilder also nicht mehr anhand der Größe identifizieren. Was auch etwas mit Projektion zu tun hat. In NICK WINTER ET LE VOL DE LA JOCONDE orientiert sich deren Hängung zwar am Louvre, ist aber im Kontext von dessen Diegese betont für Kurzsichtige angeordnet. Kleines Bild, großes Bild. Kleines Bild, großes Bild. Es geht um die Welle, den Fluss der Beobachtung. Deshalb hat der Unbekannte das Meisterwerk ja verwechselt.

Max Brod kennt den Originalsaal im Louvre viel zu genau, um noch darauf achtzugeben, dass es keineswegs die Prinzessin von Velázquez ist, die der Dieb, der gezwungen ist, ganz nah heranzugehen und das zuerst versäumt hatte, am Ende klaut und küsst. (Es hätte ja auch einfach zu gut gepasst: Reife Frau, junges Mädchen, der Dieb als Liebhaber.) Im Film lässt sich dies beim besten Willen nicht erkennen. Das Wenige, das man erkennt, schließt die kleine Prinzessin aus. In Brods Logik genügt es, im Kopf zu behalten, dass es das kleine Bild neben dem großen Bild neben der Mona Lisa war, das der Dieb an sich bringt. Dummerweise hängt aber das Bild, das beim zweiten Mal direkt vor unseren Augen verschwindet, nicht nur nicht in der linken Nachbarschaft der Mona Lisa wie die *Infanta Margarita* von Velázquez – der Täter orientiert

Abb. 20

sich eindeutig nach rechts –, es hängen auch überhaupt nicht dieselben Bilder an der Wand. Auch dann nicht, wenn Pathé in die Beschreibung seines Films für den Verleih den Satz einbaut: „Dieses Bild [d.h. der Film] stellt in Wirklichkeit den Salon Carré vom Louvre dar mit der genauen Wiedergabe der berühmten Gemälde, die da ausgestellt sind."[47] (Was Max Brod, der es eigentlich besser wissen müsste, prompt in seiner Beschreibung doppelt. „Die Geschichte spielt im Louvresaal, alles trefflich imitiert, die Gemälde und in der Mitte die drei Nägel, an denen die Mona Lisa

[47] Kommentar zu Max Brod, „Kinomatograph in Paris", in: Brod, Kafka, *Eine Freundschaft. Reiseaufzeichnungen*, S. 294.

hing."[48]) Tut er nicht. Nicht mal ansatzweise. Der Clou ist gerade, dass ein nicht-identifizierbares Bild einen neuen Fleck produziert. Dass „daneben" immer ein ganzer Rattenschwanz von neuen, unbekannten Bildern und Beobachtungen wartet.

Kafka und der Film. Über kinematographisches Erzählen von 2009 ist in diesem Zusammenhang schon ein ganzes Bild weiter. Der nicht so bekannte Screenshot mit Nick Winter neben der Mona Lisa, den es voller Stolz auf S. 91 seiner Analyse abdruckt, belegt allerdings nur, was man schon die ganze Zeit über vermutet hatte: dass der Autor die Filme, über die er schreibt, überhaupt nicht gesehen hat. Dass er nicht einmal mit den Abbildungen, die er selbst auswählt, etwas anfangen kann. Die Szene, die das Buch präsentiert, stammt nicht, wie behauptet, aus „‚Nick Winter et le vol de la Joconde' (1911)",[49] hier wird etwas ganz anderes erzählt, sondern aus C'EST NICK WINTER QUI A RETROUVÉ LA JOCONDE von 1914. (NICK WINTER ET LE VOL DE LA JOCONDE einfach bei Google eingeben, muss man wissen, kann einen schon mal zu einem auch nicht informierten DVD-Fan führen.[50]) Wieso kann man sich sicher sein, ein ganzes Buch über etwas schreiben zu können, mit dem sich vertraut zu machen, man nicht für nötig hält?[51]

[48] Brod, „Kinomatograph", S. 212.

[49] Peter-André Alt, *Kafka und der Film. Über kinematographisches Schreiben*, München: Beck 2009, S. 91.

[50] http://dvdtoile.com/Film.php?id=37683 (zuletzt aufgerufen am 23.6.2014). Die Homepage der Seite mit einem Still von Louis de Funès aus LA FOLIE DES GRANDEURS passt dann aber auch schon wieder zum Fund.

[51] Die Thesen in diesem Schnellschuss pendeln entsprechend zwischen dem Versprechen von Komplexität, gehobener Nacherzählung und Analogie-

Mit NICK WINTER ET LE VOL DE LA JOCONDE kann man sehr schön studieren, wie gemeine Bildung unbeweglich macht. Bildung ist auf Überraschung nicht eingestellt. Für den Film war der Saal der Säle umdekoriert worden, um falsche Gewissheiten für Detektive und Gebildete zu schaffen. Er wird zu einem Saal für Kurzsichtige und Kopf- und Knopflose.

Was der Dieb in das Museum zurückgebracht hatte, war nicht nur die Mona Lisa, sondern dazu noch ein Zettelchen. Die Mona Lisa wird gewissermaßen verdoppelt. Der Zettel, der das Bild zusammenfasst, ist nun ein Teil vom Bild. Direkt auf der Mona Lisa steht: Achtet auf die Nachbarschaften, die euch entgegenarbeiten. In der Textedition rattern die kleinen Zettelchen hypnotisch immer weiter und legen den Text zurecht wie er gefällt. Die kunstgeschichtliche Betrachtung klebt an der Beschriftung, die es ihr erlaubt, nicht mehr hinschauen zu müssen. Bei der kleinsten Störung ist sie nicht nur außerstande, das neue Bild und sein Umfeld zu beschreiben – jeder Fleck ist zu komplex für sie –, sondern auch überhaupt wahrzunehmen, dass der Raum komplett umgebaut worden ist. Der literaturwissenschaftliche Ausflug aus dem Buch heraus schreibt die Zettelchen falsch ab und kommt gar nicht erst auf die Ebene des filmischen Erzählens. Drei renommierte Vertreter, theoretisch erklärt unterbelichtet, feiern stattdessen ein ominöses „Handwerk“, das sie selbst nicht beherrschen. Ohne die vorgeschrie-

schlussen hin und her. Irgendwas erinnert immer an irgendetwas anderes. Und dann laufen die Bilder zu dieser Zeit auch noch schneller.

bene Reihenfolge ihrer Zettelchen und Schildchen sind der Gebildete wie auch der Tourist erledigt. Die Angst vor der nicht oder ungewohnt beschrifteten Welt machen sie fertig. In der Nacht nimmt der große Name sie an der Hand. „Astrologie ist im Grunde eben nichts anderes als auf die Zukunft projizierter Namensfetischismus", schreibt Aby Warburg 1912/13. „Die Auflösung eines Bilderrätsels – noch dazu wenn man nicht einmal ruhig beleuchten, sondern nur kinematographisch scheinwerfern kann – war selbstverständlich nicht Teil meines Vortrages."[52] Auch Warburg ist zu dieser Zeit vor allem an Verzettelungen und der Organisation des Bildes im Medienverbund interessiert.[53]

Max Brods *Kinomatograph in Paris* ist ein Text, dessen scheinbarer Schreibfehler in der Überschrift, der mündlich verschliffen wird, bereits darauf hindeutet, dass es hier nicht zuletzt um die visuelle Dimension von Schrift gehen wird. Der Text wimmelt denn auch nur so von der Beschreibung von Paratexten. Was hier beobachtet wird, ist vor allem die Einfassung von Be-

[52] Aby Warburg, *Italienische Kunst und internationale Astrologie im Palazzo Schifanoja zu Ferrara*, in: *Werke in einem Band*, Berlin: Suhrkamp 2010, S. 396. „[Dahinter] verbirgt sich […] mehr als eine Humilitasformel. Und wenn er seine neue Methode zur ‚Auflösung eines Bilderrätsels', sein Plaidoyer […] zugunsten einer methodischen Grenzerweiterung unserer Kunstwissenschaft in stofflicher und räumlicher Beziehung im metaphorischen Gegensatz von ruhiger, das heißt steter Beleuchtung, und jenem kinematographischen Scheinwerfen fasst, dann kann dies so zu verstehen sein, dass es gerade die Wahrnehmungs- und Projektionstechnik der Film-Bilder gewesen ist, die Warburg den nur fragmentarisch sichtbaren kulturgeschichtlichen Zusammenhang des Bilderrätsels zu verstehen lehrte." (Thomas Hensel, *Wie aus der Kunstgeschichte eine Bildwissenschaft wurde. Aby Warburgs Graphien*, Berlin: Akademie Verlag 2010, S. 140.)

[53] Vgl. ebd., S. 141.

obachtungen. Gleich der erste Satz lautet: „Gerade an dem Abend [...] gerieten wir auf dem Boulevard an ein mit Glühlämpchen besetztes Portal und einen nicht eben eifrigen Ausrufer, dessen Mützenaufschrift uns aber magischer anzog als alle seine Worte es gekonnt hätten: Omnia Pathé ...“[54] Die Magie entfaltet ihren Sog bereits draußen, noch bevor irgendetwas auf der Leinwand auftaucht. Die Mütze mit dem Aufdruck zwischen Glühlämpchen zieht mit Schrift in den Bann. Wir lesen noch mehr. Unsere Wahrnehmung ist damit bereits programmiert. „Ein Mädchen in der Uniform eines Operettenmilitärs, auf der Mütze die diesmal übeldeutige Inschrift ‚Omnia‘, geleitet uns auf unsere Sitze, verkauft uns ein (auf gut Pariser Sitte ungenaues) Programm. Und schon sind wir von der blendend weißen zitternden Bildfläche vor uns verzaubert.“[55] Max Brod denkt 1912 noch in Termini von Medienkonkurrenz. Der Paratext wird für ihn ruckzuck zum Text, der einfache Zettel zur himmlischen Literatur: „Zum Schluß kam als Höhepunkt dieser Fischerbilder – o, kein Bild mehr, etwas viel Anschaulicheres, Höheres – Literatur! Ein einfacher Zettel, geschrieben in der bekannten Schrift des Leibkalligraphen der Firma Pathé, meldete ganz einfach: ‚Und so setzen tagaus tagein die Islandfischer ihr gefährliches Handwerk fort, unbekümmert um usw.‘ O, ein paar sehr gute Zeilen, die mein Schriftstellerherz höher schlagen machten, denn endlich sehe ich in der Sprache, meinem Liebling, den

[54] Brod, „Kinomatograph“, S. 210.
[55] Ebd., S. 211.

bloßen Worten, offensichtlich den Oberrang über Photographieren und alle modernen Techniken zuerkannt. O, ihr guten Leute, habt ihr es endlich eingeseh'n, was mir seit jeher die Brust bewegt! Die Sprache, die Dichtung, das ist mehr als alles, das krönt und übertrifft in seiner himmlischen Wirkung diese doch so effektvolle Bilderserie, das wird mit Recht als stärkste Macht an den Schluss gestellt."[56] Und dann geht es so weiter mit „den gebührenden Platz einnehmen" und „Vaterland". Dass Schrift hier Bild ist, eine Einstellung unter vielen, sieht Brod nicht.

1914 erscheint in den USA ein Film, der die Geburt des bewegten Bildes, der Bildernachbarschaften, aus dem kleinen Zettel zeigt. Die Zuschauer bekommen an die Hand gegeben, wie man mit den großen Teilen im Museum fertig werden kann. Winsor McCays GERTIE THE DINOSAUR von 1914 ist ein früher Lektüre-/Institutionenfilm, der den Raum der Institution und seine Repräsentationen gänzlich neu denkt. Der zehnminütige Film, der Animationsfilm und Realfilm koppelt, zeigt das Sich-Messen der frühen Kinos mit den etablierten Institutionen, einen Showdown der Praktiken. Der Film beginnt mit einem Establishing Shot, den wir aus dem Gaumont-Nachrichtenblock kennen: einer Schrifttafel mit dem Namen und einem Schwenk über die Fassade des Museums of Natural History in New York. (Der vielleicht uramerikanischsten Institution. Das Museum der Ursprünge, das über Theodor Roosevelt die Natur- und Menschheitsgeschichte mit

[56] Ebd.

der amerikanischen Geschichte zusammenzubringen sucht.) An diesem Ort nun kommen die berühmtesten Zeichentrickfilmemacher ihrer Zeit auf einer Spritztour mit dem Auto vorbei.

Und haben prompt eine Reifenpanne. Die unterbrochene Bewegung aktiviert die Schaulust; die drei beschließen ins Museum zu gehen. „In the Museum“ heißt im Film zuallererst die Dinosaurierpostkarte, die auf die Zwischentitelkarte folgt.

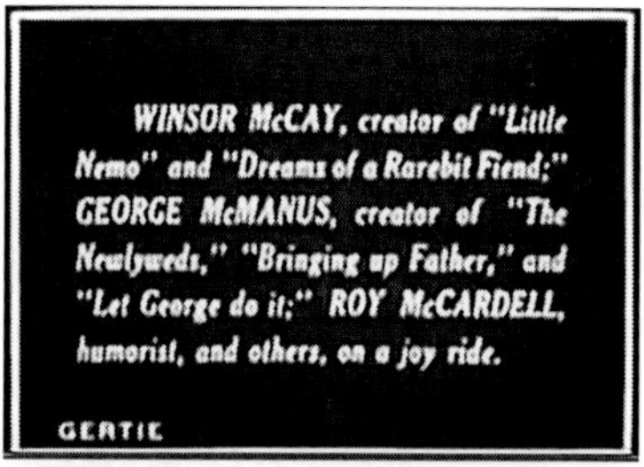

Abb. 21

Abb. 22

Die offizielle Postkarte der größten Attraktion. Was übrigbleiben wird, wenn man geht; was man mit nach Hause nimmt. Die Sammlung, mit der die Kollegen die Zeit bis zur Reparatur totschlagen, erweist sich jedoch als nicht so imposant wie ihre Außendarstellung. McCay geht daraufhin mit seinen Animations-Freunden eine Wette um ein Abendessen ein, dass er das, was zu sehen ist, den Dinosaurier also, oder genauer noch die Eingangs-Postkarte, mit ein paar Handstrichen in Bewegung setzen kann. Dass er es schafft, den Grundriss des vergangenen Lebens aus dem Museum zu holen. Das Bild ans Laufen kriegt. Er dreht also einen Film aus einer gefundenen Postkarte heraus, um eine Struktur offenlegen zu können. Und er tut dies, indem er immer wieder aufs Neue das Bild daneben malt.

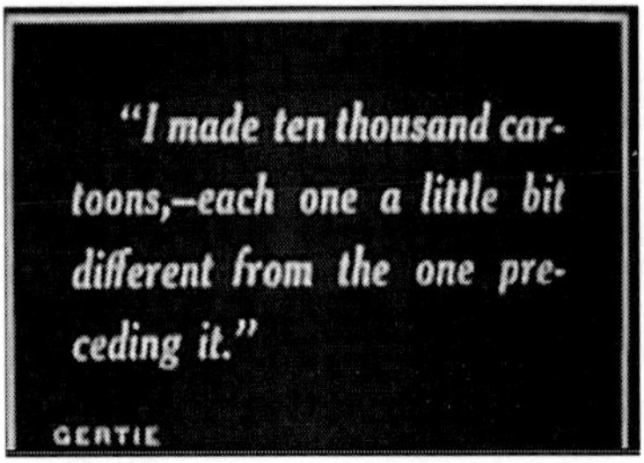

Abb. 23

Abb. 24

Das muss natürlich schiefgehen, das ist die Logik, der Lehrjunge wirft die Stapel um und mischt sie neu. Aber dafür hat der Dinosaurier jetzt ein überraschendes Eigenleben.

Die Wette wird eingelöst, der Filmemacher spielt im Lokal erst den Animateur außerhalb des Mediums – seine Zeichnung an der Wand macht alles, was er vor der Leinwand sagt, der Dinosaurier frisst ihm aus der Hand –, bevor er schließlich selbst voll und ganz in das Medium einsteigt. Ein kleines Bild in und neben den anderen mehr.

LITERATURVERZEICHNIS

AGAMBEN, Giorgio: *Höchste Armut. Ordensregeln und Lebensform. Homo Sacer IV/1*, Frankfurt a.M.: Fischer 2011.

ALT, Peter-André: *Kafka und der Film. Über kinematographisches Schreiben*, München: Beck 2009.

BAEDEKER, Karl: *Paris und Umgebungen. Handbuch für Reisende*, Leipzig: K. Baedeker [13]1891.

BALÁZS, Béla: *Der Geist des Films*, Frankfurt a.M.: Suhrkamp 2001.

BELTING, Hans: *Das unsichtbare Meisterwerk: Die modernen Mythen der Kunst*, München: Beck 1998.

BENJAMIN, Walter: *Gesammelte Schriften*, Bände I–VII, Frankfurt a.M.: Suhrkamp 1991.

BOURDIEU, Pierre: „Kult der Einheit und kultivierte Unterschiede", in: Pierre Bourdieu, Luc Boltanski u.a., *Eine illegitime Kunst. Die sozialen Gebrauchsweisen der Photographie*, Hamburg: EVA 2006.

BROD, Max und Franz Kafka: *Eine Freundschaft. Reiseaufzeichnungen*, Frankfurt a.M.: Fischer 1987.
— *Eine Freundschaft. Briefwechsel*, Frankfurt a.M.: Fischer 1989.

CANETTI, Elias: *Masse und Macht*, Frankfurt a.M.: Fischer 1980.

CULLER, Jonathan: „The Semiotics of Tourism", in: ders., *Framing the Sign. Criticism and its Institutions*, Oxford: Basil Blackwell 1988.

DE CERTEAU, Michel: *Kunst des Handelns*, Berlin: Merve 1988.

DELEUZE, Gilles und Félix Guattari: *Kafka. Für eine kleine Literatur*, Frankfurt a.M.: Suhrkamp 1976.

DELEUZE, Gilles: *Francis Bacon – Logik der Sensation*, München: Fink 1995.

DOANE, Mary Ann: „The Location of the Image: Cinematic Projection and Scale in Modernity", in: Stan Douglas und Christopher Eamon (Hg.), *Art of Projection*, Ostfildern: Hatje Cantz 2009.

Fischel, Oskar: *Tizian: des Meisters Gemälde in 260 Abbildungen*, Stuttgart: Deutsche Verlags-Anstalt 1906.

Foucault, Michel: *Überwachen und Strafen*, Frankfurt a.M.: Suhrkamp 1981.
— *Die Anormalen. Vorlesungen am Collège de France (1974–1975)*, Frankfurt a.M.: Suhrkamp 2003.

Freud, Sigmund: *Eine Kindheitserinnerung des Leonardo da Vinci* (1910), in: *Studienausgabe*, Bd. X: *Bildende Kunst und Literatur*, Frankfurt a.M.: Fischer 1969.
— *Briefe an Wilhelm Fliess 1887–1904*, Frankfurt a.M.: Fischer 1986.

Ghanbari, Nacim: „‚Die Erfindung der Bildung.' Gespräch mit Heinrich Bosse", in: Heinrich Bosse, *Bildungsrevolution 1770–1830*, Heidelberg: Winter 2012.

Goethe, Johann Wolfgang: *Der Briefwechsel zwischen Schiller und Goethe*, Frankfurt a.M.: Insel 1977.
— *Faust. Der Tragödie erster Teil*, in: *Sämtliche Werke*, Bd. 5, München: dtv 1977.

Hardy, Phil (Hg.): *BFI Companion to Crime*, Berkeley and Los Angeles: University of California Press 1998.

Heidegger, Martin: *Was heißt Denken?*, Tübingen: Max Niemeyer 1961.

Hensel, Thomas: *Wie aus der Kunstgeschichte eine Bildwissenschaft wurde. Aby Warburgs Graphien*, Berlin: Akademie Verlag 2010.

Kafka, Franz: *Der Nachbar*, in: *Sämtliche Erzählungen*, Frankfurt a.M.: Fischer 1977.
— *Briefe an Ottla und die Familie*, Frankfurt a.M.: Fischer 1989.
— *Briefe an Felice und andere Korrespondenz aus der Verlobungszeit*, Frankfurt a.M.: Fischer 1993.
— *Tagebücher*, in: *Gesammelte Werke in zwölf Bänden*, Bd. 1: *1909–1912*, Frankfurt a.M.: Suhrkamp 1994.
— *Der Proceß*, Frankfurt a.M.: Suhrkamp 1994.
— „Kinder auf der Landstraße", in: *Ein Landarzt und andere Drucke zu Lebzeiten*, Frankfurt a.M.: Suhrkamp 1994.
— „Die Vorüberlaufenden", in: *Ein Landarzt und andere Drucke zu Lebzeiten*, Frankfurt a.M.: Fischer 1994.
— „Der Fahrgast", in: *Ein Landarzt und andere Drucke zu Lebzeiten*, Frankfurt a.M.: Fischer 1994.
— *Reisetagebücher in der Fassung der Handschrift*, Frankfurt a.M.: Fischer 2008.

Kittler, Friedrich: *Aufschreibesysteme 1800/1900*, München: Fink 1995.
— *Musik und Mathematik*, Bd. 1: *Hellas*, München: Fink 2006.

KRACAUER, Siegfried: *Theorie des Films. Die Errettung der äußeren Wirklichkeit*, Frankfurt a.M.: Suhrkamp 1985.

KRAPP, Manfred: „Freud und Adler – Zur Entwicklung der Psychoanalyse und die Geschichte der ersten Abspaltung“, in: Helmut Bachmeier (Hg.), *Paradigmen der Moderne*, Amsterdam, Philadelphia: John Benjamins B.V. 1990.

MACCANNELL, Dean: *The Tourist. A New Theory of the Leisure Class*, New York: Schocken Books 1976.

METZ, Christian: „Foto, Fetisch“, in: Herta Wolf (Hg.), *Diskurse der Fotografie. Fotokritik am Ende des fotografischen Zeitalters*, Bd. 2, Frankfurt a.M.: Suhrkamp 2003, S. 215–225.

SCOTTI, R. A.: *Vanished Smile: The Mysterious Theft of Mona Lisa*, New York: Knopf 2009.

SEITTER, Walter: „Zur Gegenwart anderer Wissen“, in: Michel Foucault und Walter Seitter (Hg.): *Das Spektrum der Genealogie*, Bodenheim: Philo o.J.

SIMONIS, Annette: „Eine Miniatur dieser ganzen ... vielfach bedrohten Goetheschen Existenz. Goethe-Rezeption und -Kritik in den Schriften Walter Benjamins“, in: *Germanistisch-Romanische Monatsschrift* 50 (2000), S. 443–459.

STACH, Reiner: *Kafka. Die Jahre der Entscheidungen*, Frankfurt a.M.: Fischer 2004.

STEINER, Uwe: „‚Das Höchste wäre: zu begreifen, dass alles Factische schon Theorie ist‘. Walter Benjamin liest Goethe“, in: *Zeitschrift für deutsche Philologie* 121 (2002), S. 265–284.

TRUNZ, Erich: *Ein Tag aus Goethes Leben. Acht Studien zu Leben und Werk*, München: Beck 1990.

WARBURG, Aby: *Italienische Kunst und internationale Astrologie im Palazzo Schifanoja zu Ferrara*, in: *Werke in einem Band*, Berlin: Suhrkamp 2010.

WEISSBERG, Liliane: „Benjamins Goethe-Traum“, in: Bettina von Jagow, Florian Steger (Hg.), *Differenzerfahrung und Selbst. Bewußtsein und Wahrnehmung in Literatur und Geschichte des 20. Jahrhunderts*, Heidelberg: Winter 2003.

ZISCHLER, Hanns: *Kafka geht ins Kino*, Reinbek bei Hamburg: Rowohlt 1996.

ABBILDUNGSVERZEICHNIS

I. Vorwort von Friedrich Balke, Rembert Hüser: „Weg vom Schreibtisch"

Abb. 1: Bildpostkarte: „Kratzau. Marktplatz. Franz Kafka an seine Schwester Ottilie [Ottla]. Kratzau, 22.2.1911", aus: Arbeitskreis selbstständiger Kultur-Institute e.V. – AsKI: „Deutsches Literaturarchiv Marbach: Franz Kafkas ‚Briefe an Ottla' gehen an Marbach und Oxford" (http://www.aski.org/portal2/cms-askiev-kultur-lebendig/kultur-lebendig-1-11/askiev-kultu-lebendig-1-2011-deutsches-literaturarchiv-marbach-franz-kafkas-briefe-an-ottla-gehen-an-marbach-und-oxford.html)

Abb. 2: Bildpostkarte: „Jardin de Versailles, Franz Kafka an seine Schwester Ottilie [Ottla], Paris, 13.9.1911", aus: Bernhard Setzwein: „‚Wie in einer kleinen guten Ehe.' Franz Kafka und seine Schwester Ottla", Bayrischer Rundfunk, Bayern 2. radioZeitreisen, 21.8. 2013 (http://www.br.de/radio/bayern2/sendungen/radiozeitreisen/kafka-ottla-setzwein102.html)

II. Friedrich Balke, „‚Mein Herumstehn in der Seifengasse.' Kafka in Weimar"

Abb. 1: „Postkarte Goethehaus in Weimar, ungelaufen um 1910" (http://www.alt-deutschland.com/Postkarten.htm).

Abb. 2: „Innenansicht von Goethes Arbeitszimmer", aus: Klaus Wagenbach, *Franz Kafka. Bilder aus seinem Leben*, Berlin: Wagenbach 1994, S. 156.

Abb. 3: „Goethes Haus am Frauenplan, Grundriß des ersten Stocks. – Im Erdgeschoß sind unter dem Großen Sammlungszimmer und dem Urbinozimmer die Durchfahrten zum Hof.", aus: Erich Trunz, *Ein Tag aus Goethes Leben. Acht Studien zu Leben und Werk*, München: Beck 1990, S. 43.

Abb. 4: „Fensterecke im Schlafzimmer", aus: Uwe Grüning, Jürgen M. Pietsch, *Goethes Haus am Frauenplan*, Spröda: Akanthus 2003, S. 54.

Abb. 5: „Unteres und Oberes Treppenhaus", aus: Uwe Grüning, Jürgen M. Pietsch, *Goethes Haus am Frauenplan*, Spröda: Akanthus 2003, S. 12.

Abb. 6: „Gasthaus zum weißen Schwan", Quelle unbekannt.

Abb. 7: „Ein (unscharfes) Laienfoto: Kafka mit der Tochter des Goethehaus-Kustoden, Margarethe Kirchner", aus: Klaus Wagenbach, *Franz Kafka. Bilder aus seinem Leben*, Berlin: Wagenbach 1994, S. 156.

Abb. 8: „Kafkas Zeichnung des Gartenhauses (Notizblockblatt)“, aus: Franz Kafka, *Reisetagebücher in der Fassung der Handschrift*, Frankfurt a.M.: Fischer 2008, S. 242.

Abb. 9: „Brods Zeichnung des Gartenhauses“, aus: Franz Kafka, *Reisetagebücher in der Fassung der Handschrift*, Frankfurt a.M.: Fischer 2008, S. 203.

III. Rembert Hüser, „Gleich nebenan“

Abb. 1: Abbildung aus Max Brod, Franz Kafka, *Eine Freundschaft. Reiseaufzeichnungen*, Frankfurt a.M.: Fischer 1987, S. 162.

Abb. 2–4: Paris. Vue du Musée du Louvre au moment ou la Joconde venait d'être volée, F 1911, Gaumont Actualité. Gaumont Pathé Archives. FICHE DOCUMENT: 1136GJ 00024 (http://www.gaumontpathearchives.com/index.php?urlaction=doc&tab=showStory&id_doc=187947&rang=1).

Abb. 5: Postkarte: „La Joconde de Léonard de Vinci – Disparue du Musée du Louvre le 21 août 1911“ (http://www.paris1900.fr/un-peu-dhistoire/vol-de-la-joconde).

Abb. 6–11: Nick Winter et le vol de la Joconde, F 1911, Paul Garbagni. Gaumont Pathé Archives. FICHE DOCUMENT: 1911PFIC 00001 (http://www.gaumontpathearchives.com/index.php?urlaction=doc&id_doc=85977&rang=1).

Abb. 12–14: Paris. La Joconde rentre au Louvre, F 1913, Gaumont Actualité. Gaumont Pathé Archives. FICHE DOCUMENT : 1351GJ 00013 (http://www.gaumontpathearchives.com/index.php?urlaction=doc&id_doc=190095&rang=1).

Abb. 15: Abbildung aus Hans Belting, *Das unsichtbare Meisterwerk. Die modernen Mythen der* Kunst, München: Beck 1998, S. 312, Abb. 116: Louis Béroud, „Le Salon carré“, 1909, Paris, Musée du Louvre.

Abb. 16: Abbildung aus Belting, *Das unsichtbare Meisterwerk*, S. 313, Abb. 117: Le Salon carré am 22. August 1911, Foto.

Abb. 17: Abbildung aus Belting, *Das unsichtbare Meisterwerk*, S. 315, Abb. 118: Comédia Illustré, Mademoiselle Distinguel des Variétés, 1911, Foto.

Abb. 18: Abbildung aus Jean Guiffrey, *Le musée du Louvre – Les peintures, les dessins, la chalcographie*, Paris: H. Laurens 1909, Abb. 45: „Le Salon Carré“. Postkarte (http://raf.dessins.free.fr/2bgal/img.php?id_img=23806).

Abb. 19: Abbildung aus Belting, *Das unsichtbare Meisterwerk*, S. 317,
Abb. 119: Standbild aus dem Film NICK WINTER ET LE VOL DE LA JOCONDE von Brusquet, 1911.

Abb. 20: NICK WINTER ET LE VOL DE LA JOCONDE, F 1911, Paul Garbagni. Gaumont Pathé Archives. FICHE DOCUMENT: 1911PFIC 00001 (http://www.gaumontpathearchives.com/index.php?urlaction=doc&id_doc=85977&rang=1).

Abb. 21–24: GERTIE THE DINOSAUR, USA 1914, Winsor McCay, in: *Winsor McCay – The Master Edition,* DVD, Milestone Collection 2004.

IMPRESSUM

Gestaltung: Christoph Stolberg
Satz: Selitsch Weig, Düsseldorf
Druck: bookfactory, Bad Münder

Erschienen im
August Verlag Berlin
Imprint im Verlag der Buchhandlung Walther König, Köln
Ehrenstr. 4, 50672 Köln
Tel. +49 (0) 221 / 20 59 6-53
Fax +49 (0) 221 / 20 59 6-60
Email: august@augustverlag.de
www.augustverlag.de

Die Deutsche Nationalbibliothek verzeichnet diese Publikation
in der Deutschen Nationalbibliografie; detaillierte bibliografische
Daten sind über http://dnb.d-nb.de abrufbar

Printed in Germany

Vertrieb:
Deutschland & Europa
Buchhandlung Walther König, Köln
Ehrenstr. 4, 50672 Köln
Tel. +49 (0) 221 / 20 59 6-0
Email: verlag@buchhandlung-walther-koenig.de

ISBN 978-3-941360-39-6

BISHER ERSCHIENEN

Georges Canguilhem
DIE ERKENNTNIS DES LEBENS
ISBN 978-3-941360-00-6

Marietta Kesting,
Aljoscha Weskott (eds.)
SUN TROPES
Sun City and (Post-)Apartheid
Culture in South Africa
ISBN 978-3-941360-04-4

Anselm Haverkamp
BEGREIFEN IM BILD
Methodische Annäherung an die
Aktualität der Kunst (Antonello da
Messina, August Sander)
Kleine Edition 1
ISBN 978-3-941360-02-0

Barbara Vinken
EINE LEGENDE DER MODERNE
Flauberts *Einfaches Herz*
Flaubert Lectures I
Kleine Edition 2
ISBN 978-3-941360-03-7

Volker Pantenburg
RÄNDER DES KINOS
Godard – Wiseman – Benning –
Costa
Kleine Edition 3
ISBN 978-3-941360-08-2

Jacques Rancière
DER HASS DER DEMOKRATIE
ISBN 978-3-941360-01-3

Alain Badiou
KLEINES TRAGBARES
PANTHEON
ISBN 978-3-941360-06-8

Maria Muhle, Kathrin Thiele (Hg.)
BIOPOLITISCHE
KONSTELLATIONEN
ISBN 978-3-941360-05-1

Jean Starobinski
GESCHICHTE DER
MELANCHOLIEBEHANDLUNG
ISBN 978-3-941360-09-9

Thomas Khurana,
Christoph Menke (Hg.)
PARADOXIEN DER AUTONOMIE
Freiheit und Gesetz I
ISBN 978-3-941360-10-5

Juliane Rebentisch,
Dirk Setton (Hg.)
WILLKÜR
Freiheit und Gesetz II
ISBN 978-3-941360-11-2

Christoph Menke
RECHT UND GEWALT
Kleine Edition 4
ISBN 978-3-941360-14-3

Jonathan Culler
WHY FLAUBERT?
and Jacques Neefs
LOVE, GODS, WARS
A modern epic prose
Flaubert Lectures II
Kleine Edition 5
ISBN 978-3-941360-15-0

Thomas Schestag
REALABSENZ, SCHATTEN
Flauberts Erziehung:
Zur *Education Sentimentale*
Flaubert Lectures III
Kleine Edition 6
ISBN 978-3-941360-16-7

Jalal Toufic
VOM RÜCKZUG DER TRADITION NACH EINEM UNERMESSLICHEN DESASTER
Kleine Edition 7
ISBN 978-3-941360-24-2

Branden W. Joseph
THE *ROH* AND THE COOKED
Tony Conrad and Beverly Grant in Europe (with an Essay by Tony Conrad)
ISBN 978-3-941360-18-1

Alexander García Düttmann
NAIVE KUNST
Ein Versuch über das Glück
Kleine Edition 8
ISBN 978-3-941360-13-6

Alain Brossat
PLEBS INVICTA
Kleine Edition 9
ISBN 978-3-941360-07-5

Jacques Rancière
UND DAS KINO GEHT WEITER
Schriften zum Film
ISBN 978-3-941360-19-8

Anselm Haverkamp
DIE ZWEIDEUTIGKEIT DER KUNST
Zur historischen Epistemologie der Bilder
Kleine Edition 10
ISBN 978-3-941360-23-5

Beate Söntgen, Gabriele Brandstetter
RENAISSANCEN DER PASSION
Flaubert Lectures IV
Kleine Edition 11
ISBN 978-3-941360-22-8

Isabelle Graw, Peter Geimer
ÜBER MALEREI
Eine Diskussion
Kleine Edition 12
ISBN 978-3-941360-28-0

Jacques Rancière
BÉLA TARR. DIE ZEIT DANACH
Kleine Edition 13
ISBN 978-3-941360-26-6

Björn Quiring (Hg.)
THEATRUM MUNDI
Die Metapher des Welttheaters von Shakespeare bis Beckett
ISBN 978-3-941360-17-4

Georges Canguilhem
DAS NORMALE UND DAS PATHOLOGISCHE
ISBN 978-3-941360-20-4

Thomas Khurana (Hg.)
THE FREEDOM OF LIFE
Hegelian Perspectives
Freiheit und Gesetz III
ISBN 978-3-941360-21-1

Eva Horn, Michèle Lowrie (Hg.)
DENKFIGUREN / FIGURES OF THOUHGT
Für / For Anselm Haverkamp
ISBN 978-3-941360-32-7

Andreas Fischer-Lescano
RECHTSKRAFT
Kleine Edition 14
ISBN 978-3-941360-29-7

Stefanos Geroulanos, Todd Meyers
EXPERIMENTE IM INDIVIDUUM
Kurt Goldstein und die Fragen des Organismus
Kleine Edition 16
ISBN 978-3-941360-30-3

Jacques Lacan
STRUKTUR. ANDERSHEIT.
SUBJEKTKONSTITUTION
Lacanian Explorations I
Kleine Edition 18
ISBN 978-3-941360-37-2

Leon Filter
BIEGEN
Kleine Edition 19
ISBN 978-3-941360-36-5

Rüdiger Campe, Christoph Menke,
Anselm Haverkamp
BAUMGARTEN-STUDIEN
Zur Genealogie der Ästhetik
ISBN 978-3-941360-38-9

WÖRTERBUCH
KINEMATOGRAFISCHER
OBJEKTE
ISBN 978-3-941360-33-4